向鬼滅之刃學習

從絕望中重新振作的27句話

合田周平、堀田孝之

前言

堀田孝之

《鬼滅之刃》把我從活地獄中拯救出來

奧秩父雲取山的登山步道，有著一大片靜謐的原生林。雲取山是所有《鬼滅之刃》粉絲都想前往朝聖的聖地，因為那裡是炭治郎和禰豆子的故鄉。炭治郎是背著禰豆子從這條路下山的嗎？一邊任由想像馳騁，一邊往山頂前進，就莫名感到雀躍不已。

坐在登山步道旁的巨大樹根上，默默地調整呼吸，一股難以言喻的幸福感逐漸包覆了我。長滿青苔的美麗土地、從樹梢間灑落的溫暖陽光、樹葉受到風吹而彼此摩擦的聲響、隱隱約約聽見的野鳥鳴叫聲……

有一種森羅萬象都和自己連結在一起的感覺——

「光是能夠出生在這個世界上就很幸福了。」（21卷186話　繼國緣壹）

我之所以能夠毫無疑問地同意日之呼吸始祖——繼國緣壹的心情，都是因為遇見了

《鬼滅之刃》這部傑作。

為什麼總是反覆犯下相同的錯誤……

半年前，我對自己的生活方式感到迷惘。成為書籍編輯已經十年，然而在工作上碰壁時，我總是會立刻感到挫折，想要逃跑。每次我都會沮喪地想：「為什麼自己這麼沒用呢？」就算決心下次一定要有所改變，卻總是得到相同的結果。

在人際關係上也不斷受挫。結婚或同居生活總是很快就破裂，身邊也沒有算得上朋友的人。無能又總是負面思考的我，只能在高圓寺的四疊半房間裡一邊喝著廉價的酒，一邊在推特上發文說「人生就是一場苦行，是活地獄」，人們也逐漸離我而去。

在失去一切的時候，我才想到，會不會是因為自己**從來沒有認真學過「過生活的方法」**，所以人生才會變得一團糟呢？

該不會除了我以外的人，都擁有自己的人生版《地球步方》，並遵照該方法生活，所以他們才不會誤入歧途，在人生中迷路吧？

《鬼滅之刃》是學習「生活方式」的最棒教科書

這時候，我有幸得到與系統工程學家合田周平老師見面的機會，合田老師強烈推薦我去看《鬼滅之刃》，於是我便迷上了這部作品。接下來，我每週都會與自詡是「最高齡粉絲」的合田先生一起談論《鬼滅之刃》的魅力。

《鬼滅之刃》裡面的角色所說的話，蘊含著許多強大、熱血的重要訊息，是生活在現在的我們應當學習的。

此外，在與老師交流過程中，我才知道這些角色的生活態度，和合田老師長年鑽研中村天風的「天風哲學」有相通部分。

本書藉由「老師與我的對話」這種形式，針對**「要怎麼面對工作或讀書而不逃避？」、「要怎麼與家人或夥伴建立連結？」、「要怎麼從失敗或挫折中重新振作？」、「真正是幸福是什麼？」、「人類活著的意義是什麼？」**這些問題，以《鬼滅之刃》的名言為材料，給出簡單又具體的回答。

在以天風哲學解讀名言背後訊息的過程中，我才知道自己過去的生活方式有多麼不對。而現在，我手握「人生法則」的說明書，終於過上積極正面又幸福的日子。

如果你正為了人生不順遂而煩惱，如果你正為了工作、讀書或是人際關係而苦惱，如果你覺得自己運氣很差、很不幸。

本書應該能讓你的價值觀煥然一新，成為你的生命支柱。

也會讓你發現《鬼滅之刃》的全新魅力。

來吧，接下來就和「我」一起踏上《鬼滅之刃》名言巡禮之旅——

序章

某年夏天，一個星期日的下午。

我比約好的時間提前了一個小時來到老師的家門前。每次要與人初次見面，我都會因為太過緊張而不小心早到。

況且今天要見的人是「哲學」的專家。「有沒有讀過沙特？」「叔本華呢？」「連海德格都沒讀過還敢來見我！」要是一開始就被對方如此責罵的話該怎麼辦才好。我在老師家附近繞來繞去，心裡忐忑不安地想著，要不要趁現在上維基百科查一下資料。

因緊張而分泌的油汗與因高溫而流下的汗水混在一起，我的頭髮變得像是被一桶水澆過般凌亂狼狽。

這時候我已經開始後悔來找老師了。適用於所有人的「人生法則」根本不可能存在，要是存在的話，就不會有人對人生感到煩惱了。想要尋求這種簡單答案的我實在是

太蠢了，正當我陷入懊惱時，約好的時間終於到了。我抱著船到橋頭自然直的心情，按下了玄關的門鈴。

老師　初次見面，請進。

我　那、那個！我是之前和您用電子郵件聯繫的……

老師渾身散發著年輕的氣息，看起來一點都不像88歲。而且表情溫和，和我之前想像的愁眉苦臉哲學家形象相去甚遠。

我被帶到書房，書房裡堆到接近天花板的書籍占據了一整面牆壁。

我　哇，藏書量真多。

老師　對了，你說過你是編輯吧。

我　不，我現在是大樓警衛。編輯的工作已經辭掉了。

老師　這樣啊。那你今天是為何而來？

我　老師，我現在完全迷失人生方向了。我總是一而再、再而三地犯下相同的錯誤，所以正在尋找可以幫助自己擺脫這種狀況的「人生指南」，就像是人生版的《地球步方》一樣。至今為止我閱讀了許多自我啟發和生活哲學方面的書籍，但還是搞不太明白。這時候，我得知了老師以前曾與實踐哲學的哲學家交流過，所以在想「實踐哲學」是不是能成為我的「人生指南」。

老師　**實踐哲學確實可以成為人生指南，或人生的行動指南針**。世上「哲學」百百種，但是把真理與實踐方法結合在一起的只有「實踐哲學」。光是了解真理，但卻不能實際運用在人生中的話，就沒有意義了嘛。**在不了解實踐哲學的情況下過生活，就像是駕駛一輛無法控制方向盤的車，是非常危險的**。所以才會不斷有人在人生中引起嚴重事故。

我　好厲害！老師，請您教我實踐哲學！

老師　這恐怕有困難，畢竟我不是哲學家。

我　咦？是這樣嗎？

老師　喂，這種事情稍微查一下就知道了吧。

我　抱歉！

老師　哈哈，你還真是老實。我雖然不是哲學家，但年輕時曾經和實踐哲學的哲學家進行過好幾次這樣的對話。差不多就是在你這個年紀。可能我當時也和你一樣在人生中迷失方向了吧。

我　言下之意是您現在並不迷惘嗎？（我怎麼會問出這麼失禮的問題……）

老師　深入了解實踐哲學，並開始實踐之後，雖然不是全部，但人生就令人難以置信地變順利了。

對了，你看過《鬼滅之刃》嗎？

我　《鬼滅之刃》是指漫畫的《鬼滅之刃》嗎？我沒看過。

老師　我非常喜歡這部漫畫。因為**《鬼滅之刃》裡充滿了實踐哲學的精髓**。

我　原、原來如此！難怪它會這麼紅！

老師　我覺得應該不是這樣啦……不過，如果是用《鬼滅之刃》當作材料，我想我能好好向你說明何謂「實踐哲學」。

我　我知道了。那我讀完《鬼滅之刃》再來拜訪老師！

老師　讀的時候多加留意角色的「台詞」。如此一來，就會知道**「話語」能使人「心靈**

變堅強」，而「堅強的心」可以幫助你開拓人生。這正是實踐哲學的精華所在。

如何在面對困難時不逃避，如何與家人或夥伴建立連結，心靈、身體、話語之間的關係、心態決定人生等等，《鬼滅之刃》會教導我們這些早已被現代人遺忘的重要事情。

我　你想知道的就是這些，對吧？

您說的沒錯。請幫助我擺脫絕望，重新振作。

老師　能不能重新振作要看你自己。我會把我知道的事情告訴你。「剩下就看你自己了，你是否能夠把我教你的事情加以昇華。」（1卷4話　鱗瀧左近次）

我　？

就這樣，老師和我圍繞著《鬼滅之刃》，開始了一段漫長的對話。

目次

SESSION 1

面對工作和讀書「不逃避」的話語

與家人和夥伴「建立連結」的話語

名言7

剩下就看你自己了，
你是否能夠把我教你的事情加以昇華。

●在漫畫沒有畫出來的一年間，炭治郎變強了 ●經過重重努力才逐漸能看清「空檔之線」
●在遭遇失敗或挫折時，下定決心「重新振作」

064

名言8

對了！我要連他們的份也一起努力！
然後再告訴他們如何獲勝。

●寫給不懂「為他人而努力」是什麼感覺的人 ●人類本來就是具備「利他之心」的生物

072

名言9

因為我們是同伴，就像兄弟一樣，
要是有誰快要誤入歧途的話，大家要一起阻止他。

●為什麼身為野孩子的伊之助會萌生「利他之心」？
●尼安德塔人就是因為自我中心而滅亡的

078

從失敗或挫折中「重新振作」的話語

名言13

透過強大羈絆所維繫的人，身上會有信賴的味道。
但是我從你們身上……卻只聞到恐懼以及憎恨的味道！
那種東西根本不算是羈絆，是假的……冒牌貨！

名言14

我有准許妳可以說話嗎？不要用你們可笑的角度來評論。
我擁有一切的決定權，我說的話就是絕對。
你沒有拒絕的權利。

名言15

不要讓別人掌握生殺大權！……116

●在生殺大權被人掌握之前先逃跑！ ●光靠「憤怒」是無法獲勝的

名言16

那個眼神中沒有怨恨也沒有憤怒，也沒有殺氣跟鬥氣。或許那雙眼睛捕捉到的東西是……我所追求的「至高無上的領域」，就是「無我的境界」。……120

●追求沒有憤怒與憎恨的領域 ●實現絕對正向思考的宮本武藏之教誨

名言17

如果只會一種招式，那就將它練到極致。鍛鍊到極限中的極限。……124

●做不到「多工處理」也沒關係 ●應當像工匠一樣把「一件事」鑽研到極致嗎？

●只要具備三項專業，就能成為最厲害的人才 ●以「有趣」為基準採取行動！

名言18

沒有什麼比實際上親身去體會所得到的東西更有價值了，足以抵得過五年甚至是十年的修業。……132

●讓「偶然」成為自己的夥伴，就能開拓人生道路！

SESSION 4

發現「微小幸福」的話語

SESSION 5

有趣到令人難忘！《鬼滅之刃》迷言集

向鬼學習！避免誤入歧途的祕訣

※本書刊載的台詞引用自漫畫《鬼滅之刃》（吾峠呼世晴／東立）1卷～23卷。內文中若標示○卷○話，就表示該台詞是引用自該卷的該話。

本書所介紹的《鬼滅之刃》主要角色

【鬼殺隊相關人士】

▶竈門炭治郎
《鬼滅之刃》的主角。為了讓變成鬼的妹妹變回人類而加入鬼殺隊。

▶竈門禰豆子
炭治郎的妹妹。即使變成鬼，也不會襲擊人類，與炭治郎一起保護人類。

▶我妻善逸
與炭治郎同期的鬼殺隊士。平時膽小懦弱，覺醒後會發揮出強韌的力量。

▶嘴平伊之助
與炭治郎同期的鬼殺隊士。是被野豬養大的孩子。總是戴著野豬頭套戰鬥。

▶栗花落香奈乎
與炭治郎同期的鬼殺隊士。因為炭治郎所說的話，心靈獲得大幅的成長。

▶產屋敷耀哉
鬼殺隊97代當主。主公大人。隊士們都非常信任他，具有領導者風範。

▶富岡義勇
水柱。炭治郎遇見的第一個柱，為炭治郎打開了加入鬼殺隊這條路。

▶胡蝶忍
蝶柱。收香奈乎為繼子並收留她。照顧並訓練炭治郎一行人，對他們非常親切。

▶煉獄杏壽郎
炎柱。在無限列車的夢魘和對戰猗窩座時與炭治郎並肩戰鬥，最後殞命。

▶時透無一郎
霞柱。只花2個月就當上柱的天才劍士。因為炭治郎的話而逐漸找回失去的記憶。

▶甘露寺蜜璃
戀柱。擁有與可愛的外表相反的驚人身體能力。為了尋找伴侶而加入鬼殺隊。

▶不死川實彌
風柱。炭治郎的同期，不死川玄彌的哥哥。剛當上柱的時候曾經辱罵主公大人。

▶鱗瀧左近次
擔任炭治郎劍術師父的「培育者」。對禰豆子下了不可傷害人類的暗示。

▶桑島慈悟郎
善逸與獪岳的培育者。因為獪岳自願變成鬼，所以自殺以示負責。

▶錆兔、真菰
鱗瀧過去培育的劍士，兩人皆已不在人世。為了幫助炭治郎進入最終選拔而給予建議。

▶村田
比炭治郎更早加入鬼殺隊的隊士。在那田蜘蛛山首次登場，直到最終決戰都在支援著炭治郎一行人。

▶愈史郎
被珠世變成的鬼，也是唯一一隻不是由無慘變成的鬼。在最終決戰時站在鬼殺隊一方，與鬼戰鬥。

▶繼國緣壹
在戰國時代把無慘逼到絕境的日之呼吸始祖。雙胞胎哥哥是身為鬼的黑死牟。

【鬼】

▶鬼舞辻無慘
超過1000年前就成為鬼的鬼之始祖。為了克服陽光，組織了鬼的集團。

▶黑死牟
上弦之壹。日之呼吸始祖——繼國緣壹的哥哥。因為嫉妒弟弟而選擇成為鬼。

▶童磨
上弦之貳。為萬世極樂教的教祖，在二十歲時成為鬼。只會吃女性。

▶猗窩座
上弦之參。因為恩人與未婚妻遭到毒殺而成為鬼。還是人類的時候名叫狛治。

▶妓夫太郎、墮姬
上弦之陸。在吉原有著悲慘的過往，一起成為鬼的兄妹。要同時斬下兩人的頭才能殺死他們。

▶獪岳
上弦之陸（晉升）。善逸的師兄。因不滿桑島慈悟郎的待遇而選擇成為鬼。

▶魘夢
下弦之壹。在累死後，唯一一隻沒有被無慘殺掉的鬼。在無限列車上與炭治郎一行人戰鬥。

▶累
下弦之伍。炭治郎遇到的第一個十二鬼月。最後被富岡義勇斬首。

▶響凱
前任下弦之陸。因為不增加吃人的量而被降級。立志成為小說家。

《鬼滅之刃》故事大綱

時值大正時代。賣炭少年炭治郎，某天家人全都遭到鬼殺害，妹妹禰豆子也變成了鬼。為了讓妹妹變回人類，也為了消滅當時殺害家人的鬼，炭治郎加入了鬼殺隊，在同伴與前輩劍士的幫助與不懈努力之下，擊敗一個又一個強敵。鬼舞辻為了得到終於克服太陽的禰豆子，襲擊產屋敷的宅邸，這場人與鬼的戰鬥集結了所有隊士，迎來最終決戰。付出慘痛代價之後，殲滅了上弦之鬼，炭治郎一行人終於要對上無慘——

詳情請參閱《鬼滅之刃》！

SESSION 1

面對工作和讀書「不逃避」的話語

名言1

（2卷13話 竈門炭治郎）

就算失去，你還是得繼續活下去。不管遭受什麼樣的打擊。

和巳因為未婚妻遭沼之鬼殺害而哭泣，於是炭治郎對他說了這句話。雖然和巳一度抓住炭治郎說：「像你這樣的孩子！到底懂什麼？」但後來發現炭治郎和自己有著相同的遭遇，於是向他道歉。

無論是什麼樣的「命運」，都可以開拓

老師　首先，說說你看完《鬼滅之刃》的整體感想吧。

我　我哭了，而且是放聲大哭。

老師　哦。你是看到哪一幕哭的呢？

我　是鬼的悲哀。在鬼消滅之前，不是會講述他們身為人類時的故事嗎？我對這種很沒抵抗力。尤其是妓夫太郎和墮姬的兄妹之情，看了一定會哭。還有，猗窩座的故事也打動了我。我覺得他有過那麼痛苦的經歷，會變成鬼或許是無可厚非的。

老師　我懂了。對於遭遇失去與打擊的人類變成鬼向世界復仇的故事，你產生了共鳴，對吧？

我　也許吧。總之，當鬼死掉的時候我都會哭。就算只說我還記得的，從最終選拔的手鬼開始，到響凱、累、黑死牟的故事，我都看到哭了。畢竟他們都是在人類的時候懷抱許多內心糾葛，經歷了很多痛苦，最後才變成鬼的。

老師 確實，有一些鬼在人類時期的經歷很催淚呢。但你是不是認為，這些可能發生在任何人身上的事故是出自於無法避免的「命運」呢？

我 ……這世上處處都是「命運」。炭治郎的家人被殺害是命運，禰豆子變成鬼也是命運。

老師 你說的沒錯。但是《鬼滅之刃》用了整個故事來告訴大家**「命運是可以親手開拓的」**。

和巳的戀人被沼之鬼殺害，而這次介紹的名言，就是炭治郎向和巳告別時所說的台詞。當我們失去重要之人、遭遇巨大困難時，都會想用「命運」一詞來逃避。**但是就和炭治郎說的一樣，我們「還是得繼續活下去」。所以在繼續活下去的前提之下，我們必須要抱持著確信「沒有任何命運是已經被決定好」的態度。**

這是理解實踐哲學的一大前提。「沒有壞的命運」、「命運是可以親手開拓的」，就是實踐哲學的基本立場。

要是你沒辦法毫不懷疑地相信這件事，無論我今後告訴你什麼真理或實踐方法，都沒有意義。所以你只能徹底相信。

我　……就算是從現在開始，我也能開拓自己的命運嗎？

老師　你不就是為此而來的嗎？開拓命運這件事不分早晚。從發現的那一天開始、從開始實踐的那一天開始，你就能夠依照自己的意思去開拓命運了。

想要改變「命運」，就要夾緊肛門

老師　先不說這個了，你滿身大汗耶。要把冷氣調強一點嗎？

我　啊，請不用費心。我並不是因為熱才流汗的，我每次和人談話，都會莫名其妙地流汗。讓您見笑了，不好意思。

老師　你最好做一下「Kumbhaka」。

我　「Kumbhaka」？那是什麼？

老師　這是實踐哲學的哲學家基於印度瑜珈的屏息密法（Kumbhaka）設計而成，有助於提高生命力、「強健身心」的祕法。我來教你。

先站起來，然後把「肛門」夾緊。

我　肛門夾緊!?是這樣嗎？

老師　放鬆「肩膀」、「下腹部」用力。「肛門」、「肩膀」、「下腹部」要三位一體，同時動作。就像在酒瓶裡裝水，浮出河面後平穩地流動。想像身體如此動作。

我　是、是這樣嗎？

老師　不對，不是這種柔弱的感覺，要像這樣有威嚴地擺好架式。肛門確實夾緊了？

我　是這樣嗎！

老師　很好。這個架式就是「Kumbhaka」，保持這個姿勢安靜地呼吸。感覺如何？心情是不是平靜下來了？

我　被您這麼一說，好像是有一點。

老師　我們很容易把心靈和身體分成兩種東西看待，但是人類的身心是一體的。你連接身心的神經處在過度敏感的狀態，所以只要遇到一點點環境變化或問題，大腦就會收到過多的不安訊息。這個訊息又透過神經傳至全身，恐怕會引起身體不適。

而**「Kumbhaka」能有效切斷這種身心的惡性循環。光是夾緊肛門，就能抑制神經過敏，防止生命力流失。**

我 也許是錯覺，但我感覺原本注意力渙散的頭腦變得清醒了。

老師 你已經能確實做到「Kumbhaka」了呢。總之，現代社會中的負面刺激訊息太多了。一個不小心，身體與心靈就會愈分愈開，變得像你一樣神經過敏。這種時候就不要猶豫，馬上做「Kumbhaka」。**失敗時夾緊肛門，遇到挫折時夾緊肛門，感到悲傷時夾緊肛門，快要發火時夾緊肛門，想死的時候夾緊肛門。**如此一來，就可以將心靈的傷害控制在最小範圍。

我 總覺得就像心靈的護身符一樣令人安心。

老師 回到正題。《鬼滅之刃》裡面的鬼殺隊成員，不管遭受什麼打擊，都會堅持不懈地努力，靠自己的力量「開拓命運」。之所以能夠做到這件事，是因為他們擁有「命運是可以改變的」這項堅定信念。他們告訴了我們，「命運可以靠心態改變」。想要擁有一顆強心臟，第一步就是要讓自己安定下來。因此，請你學會「Kumbhaka」。

我 知道了。我會留意不要讓肛門放鬆！

名言2

（4卷33／34話　我妻善逸）

我想要改變，想成為一個有用的人。

不要放棄！就算疼痛或是難過也不能逃避。

（前）這是善逸在那田蜘蛛山逃離蜘蛛鬼，回憶起與爺爺一同修行的日子時心中所想的話。
（後）這是善逸正在試圖透過呼吸延緩毒素擴散時，自己喝斥自己的話。

膽小的善逸為什麼可以改變？

我　這個場景我記得很清楚。善逸在那田蜘蛛山被蜘蛛咬了之後，為了逃離蜘蛛哥哥而爬到樹上，哭得一把鼻涕一把眼淚，心想：「我呢……最討厭自己了。雖然我一直覺得必須爭氣一點，卻很害怕，總是在逃避，還老是哭……」接著他又想：「我想要改變，想成為一個有用的人。」

我一直在思考這時候的善逸所說的話。

老師　這樣的善逸卻成了一名強大的劍士，你覺得是為什麼呢？

我　應該有很大一部分是爺爺（桑島慈悟郎）的影響吧。就連這種時候，他也想起了與爺爺一同修行的日子，從不放棄自己的爺爺給了他動力，最後他打倒了蜘蛛哥哥。此外，他能在最終決戰打倒獪岳，也是因為背負著爺爺的意念。

老師　是啊。人心會因為與自己有關的人而變得強大，或變得脆弱。

我　也就是說，環境決定了心靈的強韌度嗎？

名言2

我想要改變，想成為一個有用的人。
不要放棄！就算疼痛或是難過也不能逃避。

老師 不是這樣的。我們當然會被環境和接觸的人所影響，但在本質上最重要的，反而是那個人自己心中的「使命感」或「信念」。**如果沒有「使命感」或「信念」，人就沒辦法努力。**

「使命感」和「信念」會使人成長

老師 就像你說的，善逸之所以會大幅成長，是因為他得知了爺爺為了獪岳變成鬼一事引咎自殺。用不同往常的認真眼神對炭治郎說「這件事絕對……非得要由我來做才行……」的善逸，就是被使命感所驅動著。

這份使命感會成為使人成長的一大助力。不只是善逸，幾乎所有鬼殺隊的成員都是在「使命感」的支持之下變強的。

炭治郎的使命感是「想讓禰豆子變回人類」以及「想打倒鬼，守護人類」。

在故事的前期，善逸的動力之所以比其他隊士低，是因為他沒有父母，也沒有家人被鬼殺害的經歷，因此可以說他缺乏懷抱「使命感」的必然性。

我　你說你總是馬上逃避工作，那你曾經懷著「使命感」工作過嗎？那種事情我連想都沒想過。

老師　你遇到困難的時候總是馬上逃避，可能是因為缺乏「使命感」。只要懷抱「使命感」，信念就會變強，也會更有心去面對事情，如此一來就不會因為一點小事而產生動搖，遇到痛苦的事也能努力克服。人類並不是盲目地想著要努力就有辦法努力的生物。

我　老師，那伊之助呢？伊之助有使命感嗎？

老師　伊之助的話，他只要一直抱持著「我最強！」這份「信念」就能夠成長。就像是「橫衝直撞」這句成語一樣，他朝著要變得比任何人都強這個目標，不斷埋頭往前衝。「信念」就意味著專注力的強度。

就算沒有「使命感」，只要設定自己內心要追求的目標，擁有朝目標前進的強大「信念」，就可以像伊之助一樣努力奮鬥。

就算在工作的時候被要求「要懷抱使命感」，事實上在現在這個年代也很難做到。這類型的人可以像伊之助一樣，將「信念」深深烙印在心裡。

不是「我要成為業績第一名！」或「我要考一百分！」這種表面的目標，思考你是為了什麼事、為了什麼人而訂定目標，徹底讓目標根植於心才是最重要的。

目標是「說出來」、「寫下來」以及實現

我　老師，我在製作書籍的時候，總是想著要「讓它成為暢銷書」。可是即便心裡這麼想，卻難以產生「幹勁」。

老師　那是因為你並不是真的想「讓它成為暢銷書」。

我　怎麼這樣說，我是真的一直想著要「讓它成為暢銷書」啊。

老師　因為你不是真心這麼想的。立下並非真心想實現的目標，是無法形成信念的，因此也沒辦法努力。**設定目標或夢想的時候，要隨時觀察「這是不是自己真正的想法」，對自己的內心誠實是非常重要的。**

我　……我真正的想法是什麼呢？

老師　那只有你自己才知道。你心裡真正的想法會不會是「想逃避工作」呢？

我　這……

老師　首先，弄清楚自己真正的想法是最重要的。把並非自己真心想實現的事情當成目標，那當然不可能實現。

如果你想要找到真正的目標，我建議的方法是「說出來」。

這部分以後會再詳細說明，不過話語具有暗示的能力。因此，**比起只在心裡想，把事情說出來，會更容易讓「信念」烙印在心裡。**

這件是在腦科學領域已經得到證實。人類在記憶的時候，位於大腦深層的「海馬迴」會運作。視覺、聽覺或嗅覺等感官會將訊息傳遞給海馬迴，形成記憶，而我們現在已經知道，運作的感官愈多，就愈容易形成記憶。換句話說，比起只在心裡想，說出來刺激聽覺，會更容易形成「信念」。同理，**將目標寫在紙上並貼在顯眼的地方，會讓視覺受到刺激，因此更容易烙印在心裡。**意思就是，要讓五感全部運作起來！

時間到了。後續就留到下次再說吧。

名言3

（7巻53話　竈門炭治郎）

加油！內心是人們的原動力，不管到哪裡，妳的心都能夠變強的！

炭治郎宣稱要是丟硬幣的結果是表面朝上，「加奈央就要照自己內心所想的而活」，丟出表面朝上的硬幣後，他就熱情地對栗花落加奈央說了這句話。這句話成了加奈央打開心房的契機。

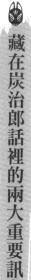

藏在炭治郎話裡的兩大重要訊息

我　老師，上次說到，人如果沒有「使命感」或「信念」，就沒辦法努力。這一點我自己深有體會，所以大致上能夠理解。因為我完全沒有那些東西。我至今為止所做的事，或許只是看起來像努力而已，但其實根本不是。

老師　不用這麼自卑。只要了解實踐哲學，無論是誰都能學會「心靈的正確使用方法」。這應該能成為你說的「人生法則」。

看來你有在持續進行「Kumbhaka」呢。神情都變得堅毅起來了。

我　「Kumbhaka」真的非常有用。前幾天我偶然遇到一個不想見到的人，差點陷入恐慌，是「Kumbhaka」幫助我保持了平靜。

老師　是啊。像這樣控制自己的內心是非常重要的。

那麼，這次要談的是炭治郎的名言。我認為炭治郎對栗花落加奈央說的這句話，是最能表現出他想法的一句話。關上心門的加奈央說：「那都無所謂啊。全都無所

名言3

加油！內心是人們的原動力，
不管到哪裡，妳的心都能夠變強的！

謂，我自己無法做決定。」而炭治郎則建議她：「要常聽自己內心的聲音。」然後在臨別之際，又對加奈央說了那句話。

我 我在看漫畫的時候，覺得沒有自我意志的加奈央像個機器人一樣，但仔細想想，自己或許也和她一樣。

而且就像老師說的，我其實也對「命運可以靠心靈的力量開拓」這件事感到半信半疑。

老師 針對「心靈」進一步鑽研下去，應該就會逐漸了解為什麼心靈具有「開拓命運的能力」。用實踐哲學的觀點來看，炭治郎的這句話中隱藏著兩個重要訊息。

內心是人們原動力的理由① 調節自律神經可以打造強健體魄

老師 第一個，是「內心是人們的原動力」這句話。這句話完全就是實踐哲學的概念。你知道為什麼內心是人們的原動力嗎？

我 是因為內心會促使人們行動嗎？雖然感覺只是把問題換句話說。

老師　沒錯。這句話展現出了**「身心一如」**這個禪的概念。身心一如是由曹洞宗始祖道元禪師所提出，將身與心視為一體的概念。**若是心靈脆弱，再怎麼鍛鍊身體都無法變強，炭治郎就是領悟了這個道理。**

我　運動員鍛練完身體後還要強化精神層面就是這個原因，對吧？

老師　你錯了。那樣的人是沒辦法成為一流運動員的。

我　咦？不是嗎？

老師　順序是先「心」，然後才是「身」。**以河流來比喻的話，「心」是上游，「身」是下游。這就是我們的生命形式。**所以再怎麼鍛鍊身體，都無法強健心靈。反過來說，鍛鍊心靈，身體就會隨之變強健。炭治郎說的「內心是原動力」就是指這件事。

我　也就是說，一切的基礎在於「心」。

老師　沒錯。**「心」就是人類一切活動的基礎。**以健康來比喻應該會比較好懂。隨著醫學的進步，我們得知心理狀態會對身體造成很大的影響。

你知道自律神經嗎？自律神經是沿著包括微血管在內全身血管分布的神經，控制著所有內臟和血液的流動。我們不需要特別意識「消化食物」，身體就會自主進行消化吸收；不需要特別意識「血液流動」，血液就會自行流動，這都是因為有自律神經。除此之外，自律神經還掌管著呼吸、體溫調節、免疫機能等等，沒有大腦指令也可以獨自運作，可說是「人體的生命維持功能」。

我們現在已經知道，「心」對自律神經的影響非常大。當內心出現不安或憤怒等負面情緒的時候，自律神經就會失調，損害人體的生命維持功能；相反地，當內心處在正面狀態，生命維持功能就會正常運作，讓身體維持在最佳狀態。

在得到現代醫學證明的很久之前，實踐哲學就發現了這個真理。我的老師在印度山上的一個瑜珈村，藉由讓心靈維持在積極正面的狀態，克服了當時被視為不治之症的肺結核。

心靈無法用肉眼看見，所以很容易被視為虛無縹緲之物，但心理狀態會以直接對身體造成影響等現象顯現出來。

我　因為心靈脆弱所以身體也虛弱，因為心靈脆弱所以無法擁有信念，沒有信念所以沒辦法努力，沒辦法努力所以無法開拓命運，是這樣嗎……

老師　但是，無論是誰都能讓心靈變得強韌。也就是說，只要讓心靈變強韌，保持在積極、正面的狀態，無論是誰都可以開拓命運。

炭治郎說「心的強大是沒有極限的」，這句話不是比喻，而是事實。身體的鍛鍊或許有其極限，畢竟每個人與生俱來的能力有所差異。但是，**心是公平賜予每一個人的，無論是誰，都可以靠自己的力量讓心靈變強大。**

我　要怎麼做才能讓心靈變強大呢？

老師　要讓心與「氣」連接。就是「元氣」的「氣」。

我　……

老師　你現在的眼神充滿懷疑，像是在說「跟我來這招？」。

我　不，沒這回事。可是……

老師　你的思考能不能跟上這部分，就是理解實踐哲學與否的分水嶺。這將會決定你的人生究竟是能隨心所欲地活，還是只能空虛地吃喝拉撒睡。

我　……請告訴我吧。我不想要人生只是吃喝拉撒睡……

老師　好。這很簡單。把自己當成一台電風扇吧。電風扇的本體就是你的「身體」。電風扇是靠什麼運轉的呢？

我　……電力嗎？

老師　沒錯。電風扇這個「身體」要有電力這個「氣」才能運轉。而將電力輸送到電風扇的插頭和電線，就是你的「心」。**當「心」與「氣」確實連接，才能讓我們的「身體」運轉。**我們看不見電力本身，但是知道電力是確實存在的。就像我們也看不見空氣，但是一樣知道空氣確實存在。

同理，**我們的生命是透過更加根本上的物質——「氣」來維持運作的。**這個根本上的「氣」，在實踐哲學的領域稱為「宇宙靈」、「宇宙能量」、「以太」，中國的儒家哲學則將之稱為「先天一氣」。也就是說，「氣」是一切存在的根源。但是我並不喜歡這些詞語，因為有很多人像你一樣抱有偏見。

我　老師，電風扇的例子非常淺顯易懂，可是人類並不是電風扇吧？這要我怎麼相信人類是與「氣」相連的呢？

老師 你要毫不懷疑地相信。

我 又是毫不懷疑嗎？

老師 「氣」的存在並沒有得到科學證明。但是得到科學證明的事，只不過是世界某一個面向而已。沒有人能說科學無法證明的事就不存在。

炭治郎所說的「心的強大是沒有極限的」這句話，可以解讀為「因為心是連接氣的裝置，所以它的強大沒有極限」。

我 老師，請容我在下次見面之前稍微整理一下想法，我不知道自己跟不跟得上……

老師 可以試著這樣想想看。你並不是靠自己的力量誕生於世的，人類並沒有辦法光靠自己的力量誕生於世，而你會如何解釋這個真理呢？

以「先有雞還是先有蛋？」的議題來舉例好了。如果考量到「氣」的存在，無論是哪一個先都無所謂了。「真理」會創造出生命現象，並且存在於孕育的過程之中。

名言4

（7卷55話　煉獄杏壽郎）

我的熱情
不會被他那種態度澆熄，
內心的火焰是不會消失的！
我絕對不會打退堂鼓！

煉獄杏壽郎向父親報告自己當上了柱，父親卻說「無所謂」，一點都不高興，於是他對弟弟千壽郎說了這句話。兄弟倆對彼此發誓，即使會感到寂寞，還是要努力活下去。

煉獄的眼睛「遠離塵世」的原因

老師 自從說了「氣」的話題之後，你看起來就有點沒有「元氣」呢。

我 沒這回事，但我確實想了很多……

老師 這種時候就聽聽煉獄先生所說的話，打起精神吧。

我 是炎柱煉獄杏壽郎，對吧？在他剛登場的時候，我覺得他肯定是個怪人，結果他從頭到尾都是一個積極、熱情又出色的人呢。

老師 果然，你也曾經覺得煉獄先生是個怪人啊。

我 他的眼睛閃閃發亮、不知道在看哪裡，一看就知道不是普通人。尤其是那個場景，他在無限列車上吃了好幾十個鐵路便當，還一個人大聲地說著「好吃！」、「好吃！」，我當時就覺得他是個怪人。

老師 對啊，煉獄先生不是普通人，感覺遠離塵世。用你的話來說，就是「怪人」。這也代表，煉獄先生的「心」和「氣」是完美連接在一起的。

我　老師，您在說什麼啊？

老師　因為煉獄先生和「氣」完美地連接在一起，所以不管發生什麼事，都可以積極面對，燃燒內心的火焰，絕對不會感到消沉。

我　不好意思，我完全沒聽懂。

老師　這次我們來說明上次提到的「氣」吧。

你相信世上的一切都是由「氣」創造出來的嗎？

老師　為了相信「氣」的存在，我們必須要先了解一個前提條件，那就是**「這個宇宙、地球以及生命，都不是人類創造出來的」**。關於這一點，你同意嗎？

我　同意（話題也一下子跳太遠了⋯⋯）。

老師　那麼，宇宙是怎麼誕生的呢？有一種說法認為，宇宙是從「虛無」之中誕生的。所謂的虛無，是指沒有物質、空間和時間的狀態。據說在這虛無之中，不斷出現極微小的宇宙，而後又消失，直到其中一個小宇宙因為某種原因成長茁壯，成為我們存在的這個宇宙。在宇宙誕生的下一刻，一股極為強大的能量讓溫度上升，發生大爆炸，於是產生了大量的基本粒子，接著又出現各式各樣的元素。

這些「科學研究」的發展令人感到驚奇，未來應該還會不斷發現新的事實吧。

然而，有一件事情人類絕對無法得知，那就是宇宙從「虛無」中誕生的原因。在某個東西誕生的時間點，「虛無」就不是「虛無」了，不是嗎？

我 是的（總覺得老師今天特別熱情……）。

老師 實踐哲學將那個東西稱為「氣」。仔細一想，是不是很不可思議呢？明明不是出自自己的意志，我們卻以「我」這個人格活著。而我們所生活的地球也不知道為什麼規律地自轉著，並且以一定的週期繞著太陽公轉。在這廣大的宇宙中，存在著無限個與太陽和地球一樣的星球。當我實際看見這個鐵一般事實的時候，便確信其中存在一股強大的力量。

那就是前面提過的「先天一氣」。**我們這些生命都是由「氣」而生的。**

我 我清楚了解老師的宇宙論了。雖然只是概念上，但我已經理解「氣」指的是什麼。但是，這和煉獄先生「遠離塵世」這件事有什麼關聯呢？

名言4

我的熱情不會被他那種態度澆熄，
內心的火焰是不會消失的！我絕對不會打退堂鼓！

老師　「氣」是孕育出森羅萬象的「創造」之力。要創造東西時，就會出現一股絕對積極的力量。「積極」也可以代換為「主動」、「樂觀」、「正向思考」這些詞語。也就是說，**「氣」是一種沒有極限的積極能量**。我們的生命就是從這種積極的能量中誕生的。既然如此，我們的生命應該原本就蘊含著積極的能量才對。

「心」與「氣」相連的狀態，可以說是完全接收了積極能量。因此，身心都可以發揮出120％的力量。而煉獄先生隨時都處於這樣的狀態，所以看在我們這些普通人眼中，就會覺得他「太過積極，感覺好像遠離塵世」。

我的心靈導師（中村天風）說過：「健康和命運只會賜給那些不會消極看待它們的人，宇宙的真理就是如此。」

當「心」與「氣」相連，就能得到極為強大的力量

我　假、假設老師說的是真的，那要怎麼做才能與「氣」連接呢？

老師　要徹底在心裡想著「積極」、「主動」、「正面」的事情，並且說出來。如此一來，

就可以與擁有「氣」的能量同步。

煉獄先生光是吃個便當，就不斷大聲地說「好吃！」、「好吃！」，每當他這麼說，「心」與「氣」的連結就會得到強化，使能量逐漸充盈。

我　沒想到那句台詞竟然有著這種意義！

老師　不只是那句台詞。你可以把煉獄先生說過的話全部再看一遍。他所說的每一句話都非常「積極」、「主動」、「正面」。這些話語讓他的心靈隨時保持在積極的狀態，因此他與「氣」的連結一直在加強。就連在生命的最後一刻，他也沒有感到挫折，這都是多虧了他那貫徹到底的積極話語以及想法。

我　（一邊重看漫畫）真的耶。煉獄先生一開口，說出來的都是積極的話，而且句尾幾乎都會加上「！」。

老師　他應該是利用大聲說話所產生的暗示效果，讓心靈隨時保持在積極的最佳狀態。要是能成為煉獄先生這種「怪人」，你的人生應該也會有所改變。

名言5

（3卷24話　竈門炭治郎）

加油！炭治郎！
你要加油！
之前我都做得很好！
我是有能力的！
今天也是！今後也是！
就算骨折又如何！
我是絕對不會退縮的！

在腳和肋骨都骨折的狀態下和響凱戰鬥的炭治郎，在精神快要撐不下去的時候，為了鼓舞自己而說了這番話。他心想「我要勇往直前！」、「激勵自己吧！」之後，就開口說了出來。

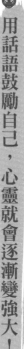

用話語鼓勵自己，心靈就會逐漸變強大！

老師 和煉獄先生一樣，炭治郎也經常用積極的話語鼓勵自己。這段台詞是他忍受著腳和肋骨骨折的劇痛和響凱戰鬥時說出來的名台詞。

這句話有三個重點，你知道是什麼嗎？

我 有三個這麼多？嗯～我知道這句話很積極、正向……啊，原來如此，難道是鼓舞自己嗎？

老師 賓果。

我 ……（好老的說法）。

老師 **「自己誇獎自己」能夠有效地讓內心變積極**，這一點在腦科學領域已經得到證實。大腦捕捉到「誇獎的話語」時，就會分泌快樂物質多巴胺，掌管「幹勁」的前額葉皮質血液循環也會變好。

炭治郎藉由誇獎自己「之前我都做得很好」、「我是有能力的」，使內心逐漸變得

名言5

加油！炭治郎！你要加油！之前我都做得很好！
我是有能力的！今天也是！今後也是！
就算骨折又如何！我是絕對不會退縮的！

積極，讓「氣」聚集到自己體內。

「言靈」在心理學上已經得到證實

老師　還有另一個重點，那就是炭治郎是大聲對自己吼出這句話。他在句尾加上「！」大聲宣言，簡直就像煉獄先生一樣。

之前也說過，把話說出來會刺激到自己的聽覺，因此那些話語會更深刻地烙印在心裡。

我　老師，為什麼話語具有改變內心的力量呢？

老師　我覺得把話語單純當成傳達訊息工具的人實在太多了，尤其是最近。雖然我這麼說，但其實我自己在遇見實踐哲學的哲學家之前，也不知道話語的重要性。

日本自古以來就相信「言靈」這個概念，認為言語擁有超越人類智慧的不可思議力量，因此只要誠心誠意地說出來，事情的結果就會如自己所說。將這個概念當作事實是不會有錯的。

我　請稍等一下。我讀了很多自我啟發書，其中最難以信服的就是這一點。很多人都主張「要多說積極的話」，如此一來人生就會改變，但是卻沒有說明「為什麼會改變」。

老師　理由很簡單。心理學已經證實人類具有「暗示感受性」。**人類會在不知不覺間與自己所想的事或所說的話無條件同化。**

也就是說，你至今為止在日常生活中不經意說出的話，會形成你的內心和個性。因此，光是將平常說的話改成「積極的話語」，你的內心和個性就會改變，如此一來就能開拓命運，改變人生。

炭治郎和煉獄先生可說都是利用話語所具備的暗示力來提升自我的。

而且，炭治郎的這段台詞還有一個非常棒的地方，就是喊了自己的名字：「加油！炭治郎！」像這樣明確指出這句話是對自己說的，而非別人，可以進一步加強暗示力。這就是第三個重點。

炭治郎藉由「誇獎」、「說出口」、「呼喚自己」，把話語的力量發揮到極致。

名言5

加油！炭治郎！你要加油！之前我都做得很好！
我是有能力的！今天也是！今後也是！
就算骨折又如何！我是絕對不會退縮的！

快要陷入負面思考時該如何應對

我 話語可以改變內心，甚至左右命運。這麼一想，就會開始害怕思考負面的事情或講出負面的話。我以前每次遇到事情，都會把「好累」、「好痛苦」、「我好沒用」掛在嘴邊，讓負面思考形成了自我認同，所以現在覺得一定要下定決心改變才行。

老師 要一下子改變自己的想法和說話方式或許很不容易。不過，既然你現在已經知道話語的重要性，就可以把這件事放在心上，隨時留意。這一點很重要。

舉個例子，假設你心裡浮現了**「沒有幹勁工作或讀書」**的念頭。會浮現這種念頭是無可厚非的，重點是要馬上接著想可以抵銷這個念頭的話語，比如：

「那是我以前的想法」或**「開玩笑的啦！其實我超有幹勁的」**，並且說出口。實際說出口會讓效果大幅提升。

這麼一來，內心就不會接收到負面訊息。

我　這方法真不錯。我會從今天開始實踐。

老師　另外，也要注意別人說的話。如果待在滿口負面話語的人身邊，自己也會接收到對方話語的暗示，對心靈造成不良影響。要盡量遠離開口閉口都是負面話語的人。為了守護自己的內心，人們必然會逐漸遠離消極的人。

我　……這根本就是在說我。我終於理解為什麼大家都離我而去了。我自己一直在說「好累」、「好痛苦」，控訴人生的煩惱，聽我抱怨的人都受不了了。竟然給周遭的人帶來不良影響，總覺得好羞恥，好想消失。

老師　看，這種時候就要抵銷你剛才說的話。

我　……！這是我昨天的想法，現在我很好！我正在努力！

老師　很棒（拍手）。

我　這是我人生第一次實際感受到保持積極有多麼重要。

老師　看來你已經注意到話語的重要性了。

名言6

（7卷58話　旁白）

炭治郎的心中很暖和。
空氣很清澈，
感覺很舒服，
還有發光的小人，
這是炭治郎善良本性的化身。

一名患病的青年進入了被魘夢催眠的炭治郎心中，這段描述就是他所看見的炭治郎無意識領域。青年進入炭治郎的心之後，打消了害人的意圖，找回自己溫柔善良的本性。

心靈包含表意識與潛意識

老師 這次我挑選了能幫助你理解人心結構的話語。這不是角色的台詞，而是在漫畫中偶爾會出現的旁白。這段旁白是在描寫被魘夢催眠的炭治郎其無意識領域。在《鬼滅之刃》的設定中，夢境世界的外側存在「無意識領域」。

我 這裡我印象很深刻。炭治郎、煉獄先生、伊之助、善逸四個人的無意識情景都描繪得很有特色，相當有趣。炭治郎的無意識領域就像這段旁白所說的，是個空氣清澈、感覺很舒服的地方。煉獄先生的則是燃燒著火焰。而伊之助和善逸不知道為什麼，本人竟然也出現在無意識領域。漫畫裡是這樣說明的：「意識強烈的人，也就是自我意識很強的傢伙，會出現在無意識領域裡。」（7卷57話）

老師 換句話說，「無意識領域」似乎就是展現出那個人物本質的內心深處。實踐哲學將這個領域稱為〈潛意識〉。目前為止我都籠統地稱之為「心靈」，不過**心靈其實存在「表意識」和〈潛意識〉兩個領域。**

名言6

炭治郎的心中很暖和。空氣很清澈，感覺很舒服，還有發光的小人，這是炭治郎善良本性的化身。

舉個例子，上班時心想「要努力工作！」，但有的時候就是怎麼樣都提不起勁。你知道這是為什麼嗎？

我　是因為「表意識」想著「要努力！」，但〈潛意識〉卻想著「不想努力！」、「想偷懶！」嗎？

老師　沒錯。我們平常隨時都在接收來自各種事物和事件的訊息，而去捕捉那些訊息的就是「表意識」，可以把它想像成心靈的表層部分。然而，在「表意識」的更深處，存在著我們察覺不到的〈潛意識〉。當「表意識」要做什麼或說什麼的時候，一定會去請示〈潛意識〉。換句話說，**我們的一言一行，全都是心靈〈潛意識〉中的要素的具象化。**

我　老師之前曾說，我說的「想讓負責書籍成為暢銷書」這句話並不是真心話，那就是指我的〈潛意識〉，對嗎？

老師　對啊。有時候政治家在失言後，會辯解「我只是說溜嘴」、「那不是我的真心話」，但是人並不會說出〈潛意識〉裡不存在的事情。在說出來的那個瞬間，那就是那個人的真心話。

要對潛意識進行大掃除，否則心靈無法變強大

老師 我們說回炭治郎的〈潛意識〉吧。炭治郎的〈潛意識〉裡存在「溫暖」、「澄澈的空氣」和「善良本性的化身」。因為炭治郎具有這樣的〈潛意識〉，所以他的一言一行才會充滿「溫暖」、「澄澈」和「善良」。

而煉獄先生的〈潛意識〉「在燃燒」，所以他的一言一行也像那樣「在燃燒」。

我們就算想變得和他們一樣，也沒辦法採取相同行動，原因在於〈潛意識〉的情景不同。

我 這麼一說，就很想知道自己的〈潛意識〉裡是什麼情景呢。

我猜大概會是一個非常晦暗、寒酸、到處堆滿垃圾、令人感到憂鬱的空間吧。因為我很常採取這樣的言行……

老師 恐怕是呢。

我 ……（咦，竟然不否認!?）

老師 如果〈潛意識〉裡充滿負面垃圾，就算再怎麼想透過表意識強化心靈，最終你的言行還是不會有所改變。

在實踐哲學領域，我們將組成〈潛意識〉的材料稱為「觀念要素」。自懂事以來，我們除了熟睡的時間以外，隨時都在想著、思考著某些事，而這些想法時時刻刻都會作為「觀念要素」累積在〈潛意識〉之中。

也就是說，總是想著憤怒與嫉妒、自嘲與放棄、不安與恐懼，或是欺騙、陷害別人這類邪惡事情的人，心中的負面觀念要素就會愈積愈多。就像是「心靈垃圾」。

但是請放心，有一個方法可以對「心靈垃圾」進行大掃除。

清除心靈垃圾之後，再替換成善良與體貼、希望與夢想、慈悲之心與利他之心這些正面的觀念要素，就能夠成為不會敗給任何困難的堅強之人，就像炭治郎一樣。

用「鏡子自我暗示法」進行心靈大掃除！

我 請教教我！我想打掃自己腐敗的〈潛意識〉。

老師 首先，要做「Kumbhaka」。第一步是讓內心安定下來。

我 好！我已經很熟練了。

老師 內心安定下來之後，請凝視那個鏡子裡的自己。要用認真的表情凝視。接著，對鏡中的自己說一些正面的話。說的時候，要在每一句話前面加上「你」或「自己的名字」。舉個例子，如果你不想再逃避工作，就說：

「你！會喜歡上工作！」

用盡全力對鏡中的自己喊話。不一定要很大聲，但是一定要用認真的態度說話。重點是要拿出氣勢。你試試看吧。

我 你，會喜歡上工作。

老師 我感覺不到你的認真。要更加切實地打從心裡拿出氣勢說話。

我 你！會喜歡上工作！

老師 很好～這次很有氣勢。請你每天晚上睡前都做這件事。要做幾次都可以，不過一次講一件事情才能增強話語的暗示力。

若是你想進一步提升效果，可以連早上也做。

名言6

炭治郎的心中很暖和。空氣很清澈，感覺很舒服，還有發光的小人，這是炭治郎善良本性的化身。

如果是早上，就要假設願望已經實現，對鏡中的自己如此斷言：

「你！已經喜歡上工作了！」

如此一來，在你的〈潛意識〉中，「喜歡工作」這項觀念要素就會逐漸增加，然後就會漸漸真的喜歡上工作。

這就叫**「鏡子自我暗示法」**。把它養成習慣，每天進行，就能漸漸清掉心靈垃圾。

我　老師，這不做真是虧大了。我打算今天回到高圓寺的公寓後，就盡全力去做。不過，為什麼要用鏡子呢？

老師　與單純開口說相比，鏡子自我暗示法的暗示效果更強。

鏡中的人雖然是自己，但也可說是左右相反的他人。因此，能夠獲得鏡中的他人對自己喊話的效果。

此外，自己說出來的話，也會傳到自己的耳朵裡。

於是就可以**同時接收到自己所說的話和他人所說的話，來自雙方的正面訊息**。

據說，這個手法是我的老師從法國心理學家林德拉博士那裡學來的。

我　老師，我發現了一件事，在故事的最後，伊之助和善逸的〈潛意識〉情景不是變得像炭治郎一樣澄澈嗎？要說為什麼的話，就是因為他們一直與炭治郎在一起，接收到很多來自炭治郎的正面話語。

雖然我現在還沒有這樣的夥伴，但利用這種自我暗示法，一樣可以從他人口中獲得正面的話語，對吧？

老師 沒錯。請你務必每天實踐。當〈潛意識〉改變，人生就會改變。

名言 7

（1卷4話　鱗瀧左近次）

剩下就看你自己了，你是否能夠把我教你的事情加以昇華。

炭治郎來到狹霧山一年後，鱗瀧左近次對炭治郎說：「我已經沒有什麼可以教你了。」接著就說了這句話。鱗瀧告訴他，只要能劈開巨岩就同意他參加最終選拔，之後就不再教他任何東西。

在漫畫沒有畫出來的一年間，炭治郎變強了

老師 你已經逐漸感受到在付出努力這件事情上，「使命感」或「信念」的必要性了。而且，你應該也已經理解，在開拓命運之前必須先透過「Kumbhaka」和自我暗示法，讓內心的〈潛意識〉變得正向積極了吧。

不過，就算大腦理解這個真理，如果你沒有在日常生活中特別留意這件事，注意自己的用字遣詞和思考，以及每天確實實踐自我暗示法的話，就沒有辦法真正地去開拓命運。

我 老師就是為了告訴我這一點，這次才選了鱗瀧先生的台詞，對吧？炭治郎跟著鱗瀧先生在狹霧山修練了一年，某天鱗瀧先生突然說：「我已經沒有什麼可以教你了。」後面就接著這句話。然後他又告訴炭治郎，前往加入鬼殺隊的最終選拔的條件，就是要劈開巨大的岩石。

老師 你現在就和當時的炭治郎處在同樣的立場。那個時候，炭治郎已經學過以「全集

名言7

剩下就看你自己了，
你是否能夠把我教你的事情加以昇華。

中呼吸」為首的鬼殺隊士必備基本劍術，但是學過不代表馬上就能做到。**就算你再怎麼清楚一件事情的道理，要真正學會，還是只能透過自己努力實踐以及領悟。**這一點套用在工作或讀書上也是一樣。在接受主管或老師教導的當下覺得自己懂了，然而正式上場的時候卻做不到，原因就出在這裡。

我　……太好了。

老師　什麼太好了？

我　當老師提到「氣」的話題時，我有一瞬間產生了懷疑，心想這是不是某種可疑的新興宗教。「只要相信就能實現」這種話說也確實很像宗教。不過，實踐哲學是在告訴我們持續努力的重要性。我覺得為了持續努力，讓內心變得積極、多說正面的話以及相信，這一切都是必要的。因為我不認為命運會在一兩天內立刻改變。

老師　是啊。能否確實掌握實踐哲學，全看「你自己」。命運是不會自己改變的。堅持下去，保持專注，不斷努力，才能開拓命運。

我　老師，鱗兔說的「你只是將它當成知識記住而已，但是身體卻什麼也不懂」、「用你的身體牢牢記住」、「讓它們深深烙印在腦子裡」（1卷5話）這些話，都是在表達凡事只能靠自己努力及領悟，對吧？

老師 是啊。真菰也用「只能夠拚命練習，除此之外應該別無他法」這句話告訴了我們努力的重要性。

雖然漫畫只用了兩話來描寫，但自從鱗瀧先生離開後，炭治郎花了半年的時間一個人鍛鍊，接著在錆兔和真菰現身的半年之後，他才終於劈開那顆巨大岩石。**一個人專心為了某件事情而努力的這段時間是非常重要的。**你現在就處於這個階段。

經過重重努力才逐漸能看清「空檔之線」

我 老師，聊著聊著，我開始覺得磨磨蹭蹭、苦思冥想的自己像個傻子一樣。現在好想趕快去「努力」。

老師 呵呵，你變得積極了呢。說起來，你最近也不會滿頭大汗了。

我 這都是多虧了「Kumbhaka」，我現在都好好夾著肛門。

對了老師，我很想看看「空檔之線」。當炭治郎成功劈開巨石的時候，他分析自

名言7 剩下就看你自己了，你是否能夠把我教你的事情加以昇華。

己成功的因素，說道：「我之所以能贏，是因為我能分辨出『空檔之線』的味道。」

在我看來，那大概是只有經過重重努力的人才看得見的東西，以運動員來說，就是進入「zone」的狀態。

老師 「zone」就是那個經常被用來描述運動員進入極限專注狀態的詞彙吧。雖然表達方式不同，但可以將兩者視為同一個概念。

我 據說一流的運動員能看到有如慢動作播放的棒球移動軌跡，或是憑感覺掌握到足球踢進球門的路線等等。這種感覺對一般人來說，有許多部分難以理解。如果不斷努力，我們也能接近這種領域嗎？如果能用非凡的專注力面對工作，想出平常想不到的點子，那就太厲害了。

老師 至少必須要不斷進行提升專注程度的努力，否則應該沒辦法到達那種「特別領域」。那是累積許多經驗後才能體會到的感覺。

人類的能力分為兩種，一種是由〈潛意識〉掌管的「內隱知識」，另一種是由表意識掌管的「外顯知識」。內隱知識是由過往經驗形成的主觀知識，無法口語化；另一方面，外顯知識則能夠客觀地數據化和口語化。

用開車的例子來說明好了。只要讀過教學手冊或請人教導，就能夠理解開車的方法。這就是在學習「外顯知識」。然而即便學過了「外顯知識」，如果沒有實際坐上車，透過感覺來學習，還是沒辦法真正學會開車。這就是「內隱知識」。

炭治郎看到的空檔之線，以及運動員的「zone」，就是只能靠「內隱知識」達到的領域。掌管內隱知識的〈潛意識〉不僅會反映出你每天所說的話，也會反映出你的一切生活態度。**即便沒辦法馬上看到成效，日積月累的努力和真誠的心思也會在〈潛意識〉中持續累積。**也許在將來的某一天，〈潛意識〉會讓你看到「空檔之線」。

這麼一想，就可以說你所做的任何努力都不會是白費的。

在遭遇失敗或挫折時，下定決心「重新振作」

我　我終於理解「努力不會白費」這句話的意思了。

老師　你已經能夠下定決心「不再逃避」工作了嗎？

我　……老實說，我還是覺得害怕。我害怕自己會不會開始工作之後又選擇逃避。我

名言7

剩下就看你自己了，
你是否能夠把我教你的事情加以昇華。

當然知道這種消極的態度很不好，但……我還是很害怕和之前一樣，沒辦法好好建立人際關係，或是遭遇相同的失敗。

老師 這很正常。負面的〈潛意識〉不是一朝一夕就能改變的，所以就按照你自己的步調，慢慢讓心靈變強大吧。

就算你努力了、成長了，就算克服了眼前的課題，現實世界中還是會有一個接著一個的困難或障礙在前方等待著你。面對眼前的障礙，有時候也會想要屈服。不過，最重要的是別放棄希望，重新站起來。

「雖然認為自己變強了，但是鬼比我更強，身體受了傷已經殘破不堪，不過每次總有人會來救我，才得以維繫生命……我必須有所回應！」（13卷113話　炭治郎）

炭治郎在與半天狗戰鬥時對自己說了這番話，並且挺身面對至今為止最強大的敵人。**拿出重新振作的勇氣與決心，並且不斷努力的話，就會得到夥伴的支持，必定能成功開拓命運。**我是這麼相信的。

我 ……

老師 讓我們進入下一個篇章吧。我要讓你知道，你並不是一個人。

SESSION 2

與家人和夥伴「建立連結」的話語

名言8

（6卷49話　竈門炭治郎）

對了！我要連他們的份也一起努力！然後再告訴他們如何獲勝。

在伊之助和善逸不再來蝴蝶屋進行功能恢復訓練之後，炭治郎下了這個決定。即便神崎葵說：「如果你也不想來的話，也可以不要來。」炭治郎還是選擇一個人繼續努力。

寫給不懂「為他人而努力」是什麼感覺的人

老師 在這個篇章，我們要來思考作為《鬼滅之刃》核心主題之一的「人與人的連結」以及「為人著想的心」。這句台詞是伊之助和善逸不再來蝴蝶屋進行功能恢復訓練時，炭治郎內心所想的話。因為他想幫助逃避訓練的夥伴。

我 炭治郎的這個部分感覺很難模仿呢。換成是我，如果在進行三個人共同負責的專案時，另外兩個人跑掉，正常來說應該會氣到發抖吧？在這種情況下自己一個人努力，而且還要面不改色地把自己學到的技能分享給跑掉的兩個人，這種事我實在是做不到。

老師 那為什麼炭治郎可以做到呢？

我 老師，這根本就是因為他天生具備「善良」和「體貼」的才能吧？霞柱時透無一郎的雙胞胎哥哥──有一郎曾經這麼說過：「我總是力不從心……看來只有被上天揀選的人，才能溫柔地對待別人。」（14卷119話）我覺得他說的對。

有一郎和無一郎在父母死後，兩個人相依為命過日子。相較於想成為劍士去幫助人的無一郎，有一郎則是一個想法非常現實的人，他對無一郎說：「連米都不會煮的人能成為劍士？可以幫助人？耍蠢也別蠢的太過分！」他絕不是一個冷血的人，但我認為如果自己的內心不夠從容，終究是沒辦法溫柔對待他人的。

我的內心總是不夠從容，所以沒辦法體貼對待家人。假日和家人出去玩，也總是滿腦子想著工作，沒辦法好好享受當下。不僅如此，還經常因為心情不好而遷怒家人。雖然我也很討厭這樣沒有器量的自己，但是辭去工作後，又面臨經濟困難的壓力，內心始終處在崩潰邊緣。都自顧不暇了，根本不可能去幫助別人。

所以，我對有一郎很有共鳴。

老師 從這個觀點來看，只要內心足夠從容，無論是有一郎還是你都能夠「溫柔待人」，不是嗎？它並不是天選之人才具備的「才能」。

我 ……我不懂。

老師 你不是「只為了活下去而工作」的嗎？工作是人類的天性。也就是說，擁有「為了工作而活」的想法是很重要的。如此一來，你面對工作的精神態度就會大為不同。我反倒認為，為他人著想、為他人努力是人類非常自然的感情，並且也關係到工作這個行為。

人類本來就是具備「利他之心」的生物

老師 如果現在這裡有一個正在嚎啕大哭的嬰兒，你會怎麼做？

我 當然會把他抱起來哄……

老師 如果有一個因為迷路而不知所措的老太太向你問路，你會怎麼做？你會說「走開，老太婆」，把她趕走嗎？

我 怎麼可能啊（笑）。

老師 無論是誰都會善待他人、為他人著想，也就是具備「利他之心」。畢竟為老婆婆指路對你來說完全沒有直接的利益，你只是自然而然地這麼做，這是人類的天性。

我 可是我覺得，為老婆婆指路和炭治郎的行為有很大的差別。

老師 不，這兩件事的本質是一樣的。炭治郎之所以能夠平等地善待每一個人，甚至對鬼都懷有體貼之心，全都是多虧了〈潛意識〉。

請你回想一下炭治郎的〈潛意識〉情景。那裡存在著「發光的小人＝善良本性的化身」。**其實我們每一個人都擁有這個「善良本性的化身」**，只是因為〈潛意識〉裡堆滿了雜念、妄念等心靈垃圾，把它埋沒了而已。

我　善待他人也要靠〈潛意識〉，是嗎……

老師　沒錯。你剛才說，沒辦法體貼對待家人的原因是「內心不夠從容」。生活在現實世界之中，確實會有這種感覺。但是從本質上來看，原因在於「只要自己好就好」、「想要得到好處」這些雜念和妄念塞滿了你的〈潛意識〉。

生活在被迫要與他人競爭的現代社會，即便不特別去意識，想要贏過別人、想要得到好處這種「自利之心」也會在〈潛意識〉中不斷累積，導致本來擁有的「利他之心」逐漸流失。

所以我認為，我們必須要有意識地去找回「善良本性的化身」。

我　意思就是說，為了找回「利他之心」，平常多為他人著想或是多說這一類的話非常重要，對嗎？

老師 完全正確。

我 可是老師，說實在的，找回「利他之心」有什麼好處嗎？為他人付出，就等於自我犧牲吧？需要花費時間和勞力，有時甚至需要花錢。如果現實世界存在像炭治郎這種偏濫好人類型的人，一定會受人欺騙或利用吧？

老師 看來你還不了解「利他之心」是多麼厲害的東西呢。繼續學習下去應該會很有收穫。讓我來仔細說明吧。

名言9

（23卷201話　竈門炭治郎）

因為我們是同伴，就像兄弟一樣，要是有誰快要誤入歧途的話，大家要一起阻止他。

被無慘變成鬼的炭治郎攻擊伊之助，此時他想起以前炭治郎說過的這句話。伊之助想要實踐炭治郎說的話，卻無法砍下夥伴的脖子。

為什麼身為野孩子的伊之助會萌生「利他之心」？

老師　我們來思考看看，為什麼「利他之心」對人類這麼重要吧。這是炭治郎被無慘變成鬼的時候，伊之助回想的台詞。伊之助想起自己和炭治郎、善逸三個人一起修練時，炭治郎所說的這句話，因此無法動手砍下炭治郎的脖子。兩人之間已經產生了為彼此著想的美好「羈絆」。

我　真是美好的關係呢。曾經是野孩子的伊之助也懂得為他人著想了。

老師　這就是重點。你覺得為什麼過去只想追求強大的伊之助，會開始為他人著想呢？

我　……應該是因為他遇見的許多人都對他很好吧？像是炭治郎。對了，在故事剛開始的時候，炭治郎對他說了很多次「謝謝」，讓他整個人「飄飄然」。還有，在藤花之家受到老婆婆的親切對待，他也變得「飄飄然」。是不是因為這種**被他人好好對待的經驗，讓伊之助的〈潛意識〉裡萌生了「利他之心」呢？**

老師　沒錯。其實**人有一種習性，那就是行為模式會和自己身邊的人愈來愈相似。**我們的大腦中有一種名叫鏡像神經元的神經細胞，據說人之所以會和身邊的人愈來愈相似，和鏡像神經元大有關係。

我 經常聽到有人說長時間相處的夫妻會愈來愈像，這是真的嗎？

老師 是的。鏡像神經元是一種會在我們執行動作的時候活化的神經細胞，不過當我們在觀察別人的行為時，鏡像神經元也會活化，彷彿是自己在進行該行為一樣。

如果身邊有個行為體貼的人，鏡像神經元就會產生反應，逐漸理解那個人的意圖和目的等行動模式。我想伊之助肯定是因為看見了許多人的溫柔言行，鏡像神經元活化，於是自然而然萌生了「利他之心」。

我 真令人驚訝。這麼說的話，身邊的人是怎麼樣的人相當重要呢。如果和消極負面的人待在一起，有可能會因為鏡像神經元的關係，連自己也變得憂鬱。

老師 是啊。俗話說的物以類聚，其實是有科學根據的真實情況。

老師 也可以將人類擁有「利他之心」這件事視為一種生存策略。尼安德塔人是我們智人（Homo sapiens）的競爭對手。據說距今約二十萬年前到三萬年前為止，尼安德塔人居住在歐洲和中東一帶。有說法認為，尼安德塔人是被智人的其中一個分支——克羅馬儂人所滅亡的。

你覺得為什麼我們存活了下來，而尼安德塔人卻滅亡了呢？

我 ……按照這個話題的走向，應該因為是「利他之心」吧？

老師 賓果！

我 ……（又是賓果）。

老師 與尼安德塔人相比，智人更具有「利他之心」，我們就是因此才得以存活下來的。

我 請等一下。您是怎麼知道的？

老師 大腦中有個名叫前額葉皮質的部位。這個部位掌管思考與創造等體現人性的思想，我們也知道前額葉皮質掌管著「利他之心」和「社會性」。以腦部整體來看，尼安德塔人的腦部比智人還要大，但是包含前額葉皮質的前額葉部分，卻是智人比較大。

名言9

因為我們是同伴，就像兄弟一樣，要是有誰快要誤入歧途的話，大家要一起阻止他。

換句話說，**智人之所以能夠存活下來，可能是因為智人比尼安德塔人更有「利他之心」和「社會性」。**

人是沒辦法「一個人」活下去的。這並不是比喻，只有「強大的男性」存活下來，也無法維持人類這個種族的存續。要守護「女性」與「孩子」，才能讓這個種族存續下去。

為此，我們需要「利他之心」。我們人類擁有「利他之心」，可以說是在漫長歷史中培養出來的生存策略。

先前也說過，「利他之心」和「體貼」是相通的。所謂的體貼，就是設身處地為人著想。這也應該能成為在戰鬥中取勝的戰略思考之基礎。

《鬼滅之刃》推崇「強者守護弱者」的理念，到處都能看見大男人主義的訊息，比如炭治郎說的「因為我是長男所以可以忍受，如果是次男就會受不了。」（3卷24話），或是錆兔說的「如果是個男人，如果你生為男人的話，除了繼續前進別無他法！」（1卷5話），應該有不少人看到這些台詞會感覺怪怪的吧。

我

肯定會有人說大男人主義啦、父權啦、女性才不是要被男人守護的東西之類的。

可是聽了老師的話之後，我清楚了解到「強者守護弱者」是人類極其自然的一種感情。

因為如果不這麼做，人類就無法存活下去，所以才會促使腦部進化，讓「利他之心」和「社會性」變發達吧。

老師　我就不怕別人批評直說了，**沒有「利他之心」的人，等於是退化成尼安德塔人；用《鬼滅之刃》的話來說，就是「退化成鬼」。**鬼和人類之間最大的差別，就在於是否擁有「利他之心」。

鬼無法與夥伴一起行動，也沒有與夥伴互助合作的想法。不用說強者守護弱者了，鬼舞辻無慘甚至接二連三地殺掉比自己弱的鬼。缺乏利他之心的鬼必然會迎來滅亡，就像尼安德塔人一樣。

我　這麼一想，就覺得不懂得為他人著想是一件很丟臉的事。因為「自我中心」就代表自己是個野蠻人……

名言10

（14卷117話　竈門炭治郎）

為了別人去做，
轉了一圈其實會變成
為了自己……
而人類，是那種能為了
自己以外的某人……發揮出
令人難以置信之力量的生物啊！

被困在玉壺的血鬼術「水獄鉢」之中的時透無一郎想起炭治郎說過的這句話。這句話推了無一郎一把，他為了拯救刀匠少年小鐵，終於成功掙脫水獄鉢。

無法理解「行善並不是為了別人好」的年輕人

我　無一郎在與玉壺的戰鬥中陷入危機時，腦中想起炭治郎說過的話。在12卷106話，炭治郎和無一郎閒聊的時候說了這句話。當時無一郎對這句話感到相當震驚，到了14卷118話他才知道原因。原來無一郎的父親生前也曾對他說過一樣的話，告訴他「行善並不是為了別人」的道理，而這句話一直留在他的記憶中。前幾天我重讀了這一段才發現這件事。

老師　某項調查顯示，現在了解「行善並不是為了別人好」這句話正確意思的日本人似乎不到50%，未滿三十歲了解意思的人則連40%都不到。與其說這是國文素養低落造成的結果，不如說是因為**不相信「為了別人去做，轉了一圈其實會變成為了自己」這件事的人變多了**。我想應該是因此才會出現「行善並不是為了別人好（所以不要隨便幫助人）」這種誤用的情況吧。

我　行善並不是為了別人好，所以不要隨便幫助人，一切都是那個人的責任，自己的事自己負責。這項調查結果讓人感受到這樣的時代潮流呢。

名言10
為了別人去做，轉了一圈其實會變成為了自己……
而人類，是那種能為了自己以外的某人……
發揮出令人難以置信之力量的生物啊！

為什麼為他人著想會對自己有好處？

老師 為什麼利他的行為轉了一圈最終會變成是為自己好呢？懂得人都懂。這是能透過內隱知識和〈潛意識〉主觀地體會到的事情。

採取利他行為不一定會受人讚賞，也不一定能提升自己在他人眼中的評價。就像你之前說過的，覺得即便花了時間和勞力也不會得到任何人的感謝，只是自我犧牲而已。

我認為將利益得失或CP值奉為行動原理的人，無法理解利他行為的意義。不過，只要回想自己親切待人的實際體驗就會明白，這種行為並不是無意義的。

若是以腦科學作為切入點，可以這麼說。

為他人著想的行動，即便沒有得到任何人的感謝，「自己」也看在眼裡。

人的腦部存在「內側前額葉皮質」這個會評價自身行為的部位。這個部位會隨時對你的行為給出「優秀！」或「很棒！」等評價。執行利他行為的時候，即使沒有得到他人的好評，你的腦部依然會充滿喜悅，心靈也會變得積極正面。如果對方向自己道謝的話，鏡像神經元會活化，對他人的喜悅感同身受，如此一來腦部就會更加喜悅，思想變得正面積極。這就是為他人著想最終會幫到自己的其中一個道理。

我 我之前都不知道，為他人著想最終會幫到自己這件事是有科學證明的。

老師 大家都被「科學」一詞吃得死死的。只要聽到有科學證明就果斷接受，卻不大能夠接受沒有科學證明的事情。其實得到科學證明的領域還很狹隘。看看現在的「新冠疫情」就能明白。

人類具有「想要回報」的本能

我 即使不去深入思考，為別人做了些什麼的時候，心情的確會變好呢。聽到別人對自己說「謝謝」，沒有人會覺得不高興的。

而且，這種想法或許會令人感到不舒服，但採取利他行為其實就是在「賣人情」，對吧？

舉個例子，假設有個朋友去旅行回來，帶了伴手禮給我。雖然朋友帶伴手禮給我這個行為沒有夾雜什麼特別的心思，但是收到伴手禮的我，下次去旅行的時候就會想到要買伴手禮給那個朋友。

因為我會有自己「欠了對方人情」的感覺。

為別人做些什麼，或許就是要讓對方產生這種感覺吧。

老師 這種心理稱為**「互惠原理」。人類具有互相施予恩惠並互相回報的天性，如果從某個人那邊獲得了恩惠，就會想要回報那個人。**

受到我們幫助的對象會對我們抱有感謝之情，同時也會覺得「想要回報」。利他行為雖然崇高，但我們也必須知道它是會給人帶來負擔的行為。

為了避免造成對方的負擔，站在對方的立場思考非常重要，不是「我幫你」，而是「請你讓我幫忙」。

我 愈是親切待人，自己的內心就愈喜悅，愈能正面思考，而且還能夠賣人情，所以

「請你讓我幫忙」就是正確答案吧。

老師 **炭治郎對每個遇見的人都非常體貼，他就是透過「請你讓我幫忙」的行動，讓內心逐漸變得積極正面的吧。**

我 炭治郎真是可怕。就是因為這樣，他的〈潛意識〉才會如此美麗吧，就像嬰兒一樣。他徹底運用了「行善並不是為了別人好」的道理呢！

老師 就算只有一點點也好，我們都應該要想辦法更接近炭治郎的內心。

名言11

（17卷146話　愈史郎）

不願意付出的人，
總有一天將無法
再從別人那裡
得到任何東西……
太過貪心的人，
到頭來將會變得一無所有，
因為他自己什麼也做不出來。

當獪岳被善逸用新招式斬首的時候，前來營救善逸的愈史郎對獪岳說了這句話。最終善逸被鬼殺隊的夥伴救回一命，而獪岳一個人悽慘地死去。

獪岳就是現代的商務人士

老師　身為善逸師兄的獪岳，被描寫成一個言行舉止都以自我為中心的角色。獪岳對於要與善逸一起成為雷之呼吸共同繼承者一事感到不滿，後來變成了鬼，在最終決戰時被善逸打倒。這句就是在獪岳將死之際，愈史郎對他說的話。

我　獪岳雖然被描寫成獨善其身的惡劣人物，但是**現在有很多高意識系商務人士都很像獪岳**，不是嗎？獪岳說：「我時時刻刻！甚至不管何時！都會跟隨對我有正確評價的人！」（17卷144話）這句話感覺是每一個追求升遷的商務人士都會有的想法。

像善逸這樣的人也是一種威脅。我們身邊很可能會有這種後輩吧？被嘲笑是吊車尾，卻不知道為什麼很受主管疼愛。回過神來就發現他已經出人頭地，與自己平起平坐了。遇到這種情況，當然會想挖苦他個幾句吧。我覺得獪岳就像是隨處可見商務人士的其中一人。即使背負著龐大壓力，還是一心一意地努力，這一點也很像上班族。

名言11

不願意付出的人，總有一天將無法再從別人那裡得到任何東西……太過貪心的人，到頭來將會變得一無所有，因為他自己什麼也做不出來。

老師 你意外地很認同獪岳呢，真令我驚訝。

我 不，硬要說的話，我算是善逸這類人。是那個始終無法進步於是就此逃跑的善逸（笑）。突然想到，獪岳曾說過「為什麼你會在這裡？為什麼你要賴在這裡不走？」、「師父花在你身上的時間根本就是白費。你太礙眼了，快消失吧！」（4卷34話），雖然沒有這麼直接，但以前公司的前輩也曾迂迴地對我傳達過這些訊息呢。**簡而言之，獪岳就是受到成果主義毒害的現代商務人士嘛。**這種傢伙最後走向毀滅，真是令人感到神清氣爽。

老師 獪岳有著比別人多一倍的進取心，但內心是扭曲的。他與桑島慈悟郎之間也沒有精神上的羈絆，對他來說，對方只是一個利用來學習技能的人。換句話說，獪岳只有在「讓自己獲得利益」這件事情上需要他。**這種只考慮自身利益的人沒辦法發揮出超越自己能力的力量，所以也無法創造出新的事物。**

另一方面，善逸與桑島慈悟郎之間則擁有羈絆，因為善逸是為了桑島慈悟郎這個「他人」而戰，於是開發出了雷之呼吸的新招式。

用實踐哲學的話來說，就是因為他擁有「我要為了爺爺打贏」這個「信念」，所以「心」與「氣」的連結增強，最後成功超越了過去的自己。

在商場上若不抱持「利他之心」便不會成功

老師　我認為在商場上「利他之心」比什麼都重要。

以前，我曾經在某個聚會上和一名經營者聊天，當時他剛好進軍中國市場失敗，所以滔滔不絕地講中國的壞話，比如「他們都是騙子」、「人民素質太低，根本沒辦法合作」之類的。包含我在內的好幾個人都有一個意見：「那只是因為你自己就是騙子、素質低、滿腦子只想著欺騙對方，所以最後報應回到自己身上而已。」

自那天以後，那名經營者就再也沒來參加聚會。聽說他的公司倒閉了。

就結果來看，商場也不過是呈現出自己「內心所想的現象」。即便國家和人種不同，只要彼此信賴，締結羈絆，就能創造出雙贏局面，許多經營者都成功做到了。

要是沒有「利他之心」，做什麼工作都不會成功。因為有「他人」的存在，工作才得以成立。「利他之心」比什麼都重要。

名言12

（11卷97話　妓夫太郎）

我們兩個人
在一起就是最強的，
就算寒冷就算肚子餓
也完全沒影響……
我們說好的，
要一直在一起絕對不分開。
已經沒什麼好怕了對吧？

還是人類小孩的時候，妓夫太郎與墮姬（梅）互相依偎，忍耐著寒冷和飢餓，並說了這句話。在將死之際，墮姬對他說的話讓他想起了當時的回憶，於是兩人重修舊好，一起離開人世。

僅善待自己的家人不能算是「利他」

我　來了！我最喜歡的片段。看妓夫太郎和墮姬的故事不落淚的人，才真的是「鬼」！

老師　有這麼厲害嗎？我完全沒哭呢。

我　怎麼可能！這兩人的兄妹之情不就是勝過一切的「利他之心」嗎？再也沒有什麼東西比這份以信賴維繫的「羈絆」還緊密了。在將死之際，妓夫太郎對墮姬說：「我跟妳已經不再是兄妹，什麼都不是了。我要往這邊走，請妳往反方向，朝著光明的那邊走。」（11卷97話）然後邁向黑暗，在那個瞬間，墮姬撲向妓夫太郎並哭喊：「不論轉世投胎多少次，我一定都是哥哥你的妹妹！」這裡堪稱《鬼滅之刃》最棒的經典片段。光是想起來就讓人想哭。

老師　要說利他也確實是利他，但是對方是自己的妹妹，也就是「家人」。**妓夫太郎或許就是因為「為人著想的範圍」太狹隘，才得不到幸福。**

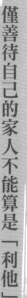

名言12

我們兩個人在一起就是最強的，
就算寒冷就算肚子餓也完全沒影響……我們說好的，
要一直在一起絕對不分開。已經沒什麼好怕了對吧？

我 等一下，老師，您在說什麼啊？說到兄妹之情、家人之愛，炭治郎正是其代表人物。為了妹妹禰豆子和家人而努力的他，不是和妓夫太郎一樣嗎？故事中也一直在暗示，炭治郎和禰豆子只要走錯一步，就會變成妓夫太郎和墮姬。

老師 你說的沒錯，不過**炭治郎與妓夫太郎有一個決定性的不同，那就是炭治郎的「利他之心」不只用在家人身上。**炭治郎會體貼對待遇見的每一個人，更不用說夥伴了。不僅如此，他還能體貼對待身為敵人的鬼。

這一點其實非常重要。心理學研究顯示，體貼的範圍不僅限於家人或伴侶這類親近的特定人物，涵蓋朋友、熟人以及無關的他人，就結果來看人生會更加幸福。

著想的對象愈廣，愈能得到幸福

老師 舉例來說，有一個自私的人只考量自己的利益得失來採取行動。他有見風使舵的傾向，在「利用可以得到好處」的人面前表現得很親切，在沒有利用價值的人面前則表現冷淡。

我　社會上到處都是這種人啊。

老師　但是啊，這種只做表面工夫的行為是「馬上就會被識破」的。就像狗因為發展出靈敏的嗅覺而存活下來，蝙蝠因為掌握分辨超音波的能力而存活下來一樣，**憑藉社會性與利他之心存活下來的人類，其實都具備「識破自私之人的能力」**。

某項心理學研究進行了一項實驗，讓不具有相關知識的人觀看人臉的照片，請他們分辨出「極度自私的人」和「老實人」。據說，大多數人都能夠立刻看出流露於外表的人性，分辨出自私的人和老實人。

這裡就把只考慮自己家人的妓夫太郎當作自私的人好了。沒有人會想靠近這種自私的人，因為一旦靠近就會被剝奪。

另一方面，炭治郎甚至能為與自己無關的他人考慮，人們會逐漸聚集在像他這樣的人身邊。而且，如果炭治郎給了別人1，對方會感謝他，並且努力地去回報炭治郎1.5。以利他之心組成的團隊，會有愈來愈多夥伴聚集，大家都懷著「利他之心」為彼此著想，讓整個團隊變得強韌，並持續進化。**鬼殺隊打敗無慘的關鍵，就在於藉「利他之心」維繫起來的夥伴所一同創造出的「人類社會性力量」**。

名言12

我們兩個人在一起就是最強的，
就算寒冷就算肚子餓也完全沒影響……我們說好的，
要一直在一起絕對不分開。已經沒什麼好怕了對吧？

我　老師，您說的我都懂，但是現實世界有這麼美好嗎？就沒有在泥濘不堪、互相欺騙的弱肉強食生存競爭中存活下來之人獲得成功的案例嗎？應該有這種人吧？

老師　這種人只是在短期間內看起來獲得了成功。老實說，我覺得現在的日本社會這種傾向很強烈，就像尼安德塔人或鬼一樣。以我們人類所具備的「利他之心」維繫起來的力量必然會敗北。

我　總覺得，聽起來很像童話呢。

老師　是嗎？其實事情很單純。假設你真的是個凡事只考慮到自己的討人厭傢伙好了。有誰會想和這種人來往呢？這種人從別人身上奪走了這麼多東西，當他遇到困難的時候，你會想要幫他嗎？

武士道中也有**「以給予取代奪取」**這條基本概念。

僅憑利益得失行動的利己主義者一定會面臨滅亡。一味追求局部的最佳解法，排除無益的人際關係，這樣的人或許會在短時間內獲得成功。但是，用稍微長遠一點的目光來看，就會知道這個世界並不穩定，未來一定會出現變化。到時候會來拯救你的，就是你一直以來珍惜對待的他人。

我 如果一個人只考慮自己的家人，遭遇困難的時候就會無計可施；如果一個人盡己所能地擴大為人著想的範圍，在關鍵時刻應該會得到很多人的幫助吧。

為更多的人著想，就等於是在投資未來的自己嗎？

老師 沒錯。而且，我們每做一次這種心靈的投資，都會額外得到內心變得積極、腦部變得有活力、產生努力的動力等特典贈品。

我 總覺得不懷抱「利他之心」是一種損失呢（笑）。

老師 是啊。不過我先前也說過很多次了，如果〈潛意識〉裡堆滿垃圾，就會沒辦法打從心裡採取利他行為。平常就要有意識地為別人著想，並透過「Kumbhaka」和自我暗示法將〈潛意識〉清理乾淨，這部分非常重要。

我 我開始躍躍欲試了！

SESSION 3

從失敗或挫折中「重新振作」的話語

名言13

（5卷36話　竈門炭治郎）

透過強大羈絆所維繫的人，身上會有信賴的味道。但是我從你們身上……卻只聞到恐懼以及憎恨的味道！那種東西根本不算是羈絆，是假的……冒牌貨！

看見對扮演姊姊的蜘蛛鬼暴力相向的累，炭治郎毅然決然地說了這句話。面對勃然大怒的累，炭治郎繼續說：「要我說幾次都行……你的羈絆是假的！」

以虛假羈絆維繫起來的「隱藏黑心企業」

老師 接下來，我們來設想現實世界中的各種情境或現象，思考一下當我們遇到那種情況的時候，該抱持什麼樣的「心態」吧。這會讓你的「人生法則」變得更加實用。

這句話是炭治郎第一次與累對峙時所說的話。在這之後，炭治郎還說：「利用恐懼將人五花大綁困在身邊，那個不叫做家人的『羈絆』。」（5卷38話）告訴了我們何謂羈絆。

這次之所以會選擇這句話，是因為我覺得現在世上充滿了「虛假的羈絆」。你心裡有底嗎？

我 說到底，羈絆究竟是什麼啊？

老師 我們就把它當成打從心底彼此信賴的關係吧，就和炭治郎說的一樣。

我 如果是這樣的話，我無論是在工作上還是私生活上，或許都沒有建立過「羈絆」。和主管一起工作的時候，我對他抱有的感情應該是與信賴相去甚遠的恐懼。

名言13

透過強大羈絆所維繫的人，身上會有信賴的味道。
但是我從你們身上……卻只聞到恐懼以及憎恨的味道！
那種東西根本不算是羈絆，是假的……冒牌貨！

老師　你說的恐懼，是針對什麼的恐懼？

我　如果犯錯怎麼辦，應該會被罵吧，搞不好會在這間公司待不下去——這種恐懼。覺得自己是因為想要擺脫這種恐懼而工作的。而且，我其實一直有點懷疑主管，懷疑他是不是將自己的壓力強加到我身上，或他是不是想要逼我辭職才如此嚴厲地指導我之類的。所以我並不信賴對方，只抱有與信賴完全相反的恐懼、憎恨以及厭惡。根本不可能建立什麼羈絆。每天都很痛苦。

老師　用這種方式工作，根本做不下去吧？你覺得你是為什麼無法與人建立關係呢？

我　那些被累支配的鬼，都是因為弱小所以只能依賴著累活下去。他們努力地避免惹累生氣、配合累的希望，隱藏自己的真實心聲，持續扮演著累的家人。那副樣子，簡直就像是出於對主管和公司的恐懼而工作的我。雖然這聽起來像在為自己辯護，說起來很丟人，可是一旦被放在那樣的環境裡，就無計可施了。

老師　也就是說，一切都是公司和主管的錯？

我　不，不是這樣的，是因為我太弱小，也就是說一切的元凶是我工作能力太差。因為現實世界終究還是弱肉強食的，尤其是工作方面。

老師 蜘蛛鬼一家的狀況和你的狀況有很大的不同。累是用壓倒性的暴力和恐懼來束縛他們、控制他們。換言之，就是最極致的黑心企業。但你的公司不是這樣吧？

我 當然。

老師 儘管如此，你還是被恐懼所束縛了。你對主管和公司感到恐懼。原因只有一個，那就是你的心態不對。

我 ……

老師 你之前說過，你工作的時候心中沒有任何信念，對吧？重點就在這裡。**如果懷著信念工作，為了工作而活，你應該不會對主管和公司感到恐懼才對。**不僅如此，可能還會產生信賴感，建立起真正的羈絆。

我 是這樣嗎？我不知道。

老師 事情很簡單。如果你讓「想讓負責書籍成為暢銷書」這份信念滲透到〈潛意識〉裡的話，即便受到主管的嚴格指導，只要「那是對書籍暢銷這件事有所助益的指導」，你就不會覺得主管的指導太嚴格了，反而會感謝對方支援自己的理念，進而愈來愈信賴對方。

名言13

透過強大羈絆所維繫的人，身上會有信賴的味道。
但是我從你們身上……卻只聞到恐懼以及憎恨的味道！
那種東西根本不算是羈絆，是假的……冒牌貨！

如果主管是「這種人」的話，應該也會信賴這樣的你吧。信賴這種東西要靠自己贏來，而不是靠別人主動給予。

要是「扼殺」自己，也會被別人「殺死」

我　……這麼一說，我覺得自己似乎不管做什麼事都會看人臉色，想著「不要讓那個人生氣」或「不要被那個人討厭」。這曾經是我的一切。結果反而惹怒別人、被別人討厭……

老師　你有了解到這一點就足夠了。以結果來看，「扼殺自我」的人「也會被別人殺死」。

最近常常聽到黑心企業或血汗打工的事情。當然，像累那樣的職權騷擾主管不在我們的討論範圍。但是，**大多數認為自己任職的公司是黑心企業的人，都可以透過自己的「心態」，大幅改變眼前看到的景色。**

舉例來說，現在似乎還有上班族會不太敢比自己的主管早下班。你也是這樣嗎？

我　看得出來嗎？我是這樣沒錯。

老師　我認為這樣的人是迷失了「工作的意義」，而且「心靈的使用方法」也錯了。因為沒有信念，也就是沒有集中精神在工作上，才會做任何事都以「他人的眼光」為基準。如果心中有信念，那麼比主管早下班根本算不上什麼事。心中沒有信念等同於扼殺自我。扼殺自我的人，不管做什麼事都會被別人牽著鼻子走。接著，在不知不覺間連心靈都遭人操控，漸漸崩潰。

認為自己所處的環境很血汗的人，應該重新檢視一遍自己的信念為何。當然也有可能做出「早點離開這種公司」的選擇，這也沒問題。**重點是要找到自己的生活方式並貫徹下去**，不要扼殺自己。

我　不管是要改變周遭環境，或果斷離開這個環境，全憑自己的心，是嗎……

老師　沒錯。**我們可以透過心態來改變自己。當自己改變了，環境也會有所變化。如果環境依舊沒有改變，那麼這種環境對你來說就是不必要的**。早點逃離就好了。

名言14

（6卷51／52話　鬼舞辻無慘）

我有准許妳可以說話嗎？不要用你們可笑的角度來評論。

．

我擁有一切的決定權，我說的話就是絕對。你沒有拒絕的權利。

在累被殺死之後，無慘把下弦的鬼叫來無限城責問時說了這段話。此外，每當下弦的鬼開口說話，無慘就會不由分說地給予暴力的回覆。

鬼舞辻無慘是典型的職權騷擾主管

我 老師！我現在知道在斷定公司是黑心企業之前，先重新檢視自己的信念非常重要。可是！如果遇到像無慘一樣的主管，還是馬上轉職比較好吧！

老師 如果是他的話，把他說的話錄起來上報勞基署，應該就直接出局了吧。

我 鬼的世界裡沒有勞基署，還真可憐（笑）。讀到這一段的時候，因為無慘實在太過殘暴，我反而笑了出來。在累被殺死之後，下弦的鬼被召集過來，結果除了魘夢以外的鬼全都被殺了。

老師 這個時候我還沒有把下弦的鬼的名字全部記住呢，下弦之貳的名字是轆轤、參是病葉、肆是零餘子、陸是釜鵺，對吧？雖然他們瞬間就被無慘給殺了。

我 我覺得無慘根本是教科書式的職權騷擾主管。就為了克服太陽這個一己私慾，組織了名為十二鬼月的強大下屬團隊，當起獨裁老闆。這時候，他以下弦的鬼太弱、派不上用場為由，將他們一個接一個殺害。簡而言之，他只把下屬視為用來達成自

名言14

我有准許妳可以說話嗎？不要用你們可笑的角度來評論。
我擁有一切的決定權，我說的話就是絕對。
你沒有拒絕的權利。

己目的的棋子。

乍看之下會覺得這是在呈現鬼殘忍的特性，但我感覺那些被說是黑心主管的人，思維模式和無慘一模一樣。

老師 這裡描寫了各式各樣的職權騷擾模式，很值得黑心主管參考呢。

我 例如，無慘對下弦之肆的零餘子說：「妳每次遇到獵鬼人的柱，都會想要逃走！」零餘子回答：「沒有！我不曾那麼想過！」無慘卻勃然大怒道：「妳是在否定我說的話嗎？」然後將其殺害。下弦之貳轆轤表示，如果無慘分一點血給自己，自己就能努力奮戰，無慘則對他說：「為什麼我要接受你的指揮把血分享給你。」「我擁有一切的決定權，我說的話就是絕對。」「我要是說『這是對的』，那麼它就是『對的』。」接著毫不留戀地殺了他。

簡單來說，根本沒有討論的餘地，說什麼都是不對的，結論一開始就定好了。因為我也經歷過這種狀況，所以非常清楚。

老師 在現實生活中遇到這種職權騷擾主管的時候，有兩種實踐哲學式的應對法。

我 真的嗎!?竟然有這種東西（笑）。

老師　當然，這個方法不僅能用來對付職權騷擾主管，當你面對令你束手無策的恐懼或言語暴力時，都可以用這個方法守護自己的心靈。

對付言語暴力的「新幹線迴避術」

老師　請想像一下，職權騷擾主管現在正在對你破口大罵。

我　好。

老師　請想像腦中發出一道很大的警報聲。是什麼樣的聲音都可以。請持續聆聽那道聲音。繼續聽，不用說話。

我　……

老師　請停下警報聲。

我　……

老師　你的內心應該已經進入了一種難以言喻的安定狀態。**實踐哲學將這種狀態稱為「無我境涯」。只要進入這種狀態，無論你遭受什麼樣的言語暴力，都可以將傷害減**

名言14

我有准許妳可以說話嗎？不要用你們可笑的角度來評論。我擁有一切的決定權，我說的話就是絕對。你沒有拒絕的權利。

至最少。這時候神經不會過度敏感，應該能夠冷靜處理眼前的狀況。因為生氣時的心理狀態，就是激情的發作。面對處在這種心理狀態的人，就要進入「無我境涯」，不與他一般見識。

我 感覺心靈的護身符又增加了。

老師 還有另一個在面對言語暴力時守護心靈的方法，名為「新幹線迴避術」。遭受言語暴力時，我們很容易一直惦記著那些話，在心裡反覆咀嚼，讓心靈受到更大的傷害，陷入惡性循環。「新幹線迴避術」就是用來避免這種狀況的方法。**讓我們把職權騷擾主管所說的話當作「新幹線」吧。**如果一個人以肉身對抗新幹線，不管他的體魄多麼強壯，都會在瞬間粉身碎骨。因此，當你想起對方說的話時，**就在腦中想像「新幹線要過來了」，然後轉身閃避。**無論是多麼暴力的言語，只要你能靈活閃避，心靈就不會受到傷害。當你遭受某人的言語暴力時，請想像這個畫面。**把它養成習慣的話，以後也比較不容易受到他人負面話語的不良影響。**

我 我會試試。感覺就像是守護自己心靈的武器增加了，心裡踏實不少。比起漫無目的地生活，擁有老師所說的「指南」果然安心多了。

老師 當然，這些方法並不是萬能的。不過，認為「自己擁有可以守護心靈的武器」而感到放心是非常重要的。

《鬼滅之刃》是一個「黑心企業」VS「良心企業」的故事

我 《鬼滅之刃》這部作品，該不會是想描寫「鬼陣營＝黑心企業」對抗「鬼殺隊＝良心企業」，然後表達「良心企業將會獲勝！」這個概念吧？

老師 這個想法很有趣。確實，鬼殺隊以產屋敷耀哉這個老闆為首，還有各具專長的柱這些董事，再加上炭治郎以下的隊員們，全都抱有「打倒鬼」這個共同信念，夥伴之間彼此支持、信賴，發揮組織的功能。堪稱理想的良心企業。

我 有兩個片段讓我深受鬼殺隊感動。

其中一段是描寫風柱——不死川實彌剛當上柱時發生的事情。當時的實彌認為主公大人是「不會弄髒自己的雙手，也不會有生命危險，只是居高臨下以事不關己的嘴臉下達指示的傢伙」，因此憤怒不已，大罵主公大人：「你明明只是把隊員當成用

名言14
我有准許妳可以說話嗎？不要用你們可笑的角度來評論。
我擁有一切的決定權，我說的話就是絕對。
你沒有拒絕的權利。

完就丟的棋子。」（19卷168話）

此時，主公大人的回應是「真是抱歉」。接著說自己一點也不偉大，為了自己體弱而無法練劍一事向他道歉。而且，他記得每一位死去隊員的名字和生平，之後還會得知他一直有在為他們掃墓。

我心想，這個領導者多麼完美、多麼值得尊敬啊。**明確地表明自己的弱點，還能夠不拘立場向人道歉，主公大人的胸襟之寬大讓我驚訝不已。**這段故事讓我了解，為什麼每一個鬼殺隊隊員都如此尊敬主公大人。

老師　是啊，我也覺得產屋敷耀哉這個人物是領導者的楷模。所有隊員都是出於自己的意志跪伏在主公大人面前，這一點相當厲害。一切都與無慘完全相反。

我　另一個不能錯過的部分，就是鬼殺隊無名隊士們的活躍表現。在最終決戰，無慘被帶到地面上的時候，無名隊士們為了守護柱而迎戰無慘。他們喊著：「我們要保護柱，當人肉盾牌。」「過去被柱救過多少次了！如果不是柱，我們早就沒命了！不要怕！跟他拚了——！」（21卷184話）挺身而出。這一段讓我看哭了。

老師　與其說自我犧牲很淒美，不如說能看出他們是以信賴感維繫起來的團隊，這一幕很棒呢。

我 沒錯！我認為他們的死，和過去戰爭時期的「特攻隊」意義完全不同。特攻隊是一群未來可期的青年被國家當成「棋子」利用而犧牲，是一場悲劇。然而，**鬼殺隊是憑藉以信賴感維繫的「羈絆」之力，以及他們自身意志而行動的，所以很美。**可以說是「利他之心」以團隊形式爆發出來的瞬間。

老師 看來你之後找工作時，看待公司的眼光會變得嚴苛不少呢（笑）。

我 不，在那之前，要先有公司願意雇用我啊（笑）。

名言15

（1卷1話　富岡義勇）

不要讓別人掌握生殺大權！

炭志郎向義勇下跪磕頭，求他饒過禰豆子一命，於是義勇對他大聲吼出這句話。之後義勇為了讓炭治郎從絕望中振作起來，對他說了一連串熱血的話。

在生殺大權被人掌握之前先逃跑！

我　富岡義勇的這句話很有衝擊力呢。而且又是第1話，我想應該很多人都有印象。

老師　為了把變成鬼的妹妹從義勇手上救回來，炭治郎下跪磕頭，哀求道：「請你手下留情……不要殺了我妹妹……」於是就有了這句名台詞。

我　在這之後，義勇繼續說了很多值得深思的話：「弱者沒有任何權利也無從選擇。」「別以為那些鬼會尊重你的意志跟願望。」「當然啦，我也不會尊重你，這就是現實！」我也認為實際上這就是現實。因此，要做好覺悟，懷抱信念奮鬥才行。

老師　除了「奮鬥」以外，其實還有其他方法可以避免生殺大權被他人掌握。你知道是什麼嗎？

我　……完全不知道。

老師　是你很擅長的事喔。

我　……是「逃避」嗎？雖然覺得有點受傷。

老師 賓果。

我 ……（又是賓果）。

老師 在現實世界中，即使遇到像無慘這樣的人，也不必盲目地和他戰鬥。《鬼滅之刃》對我們傳達了「不要逃避面對困難」、「去跨越障礙」、「要努力不懈」這些熱血的訊息。實踐哲學也是一樣。即便如此，我認為也不是任何事都不能逃避。我反而認為要用心傾聽自己的心聲，如果你的真心覺得「想逃」，那就逃吧。自己選擇的判斷是不會錯的。

我 讀了《鬼滅》之後，不，在讀之前，我的生活狀態就像福音戰士的碇真嗣一樣，一直在告訴自己「不能逃避、不能逃避、不能逃避」。被說「可以逃避」之後，總覺得心裡輕鬆了許多。

老師 **你是可以逃避的。因為「不要讓別人掌握生殺大權」才是最重要的事。**如果逃避到一個能讓你隨心所欲生活的場所，那就再好不過了。**雖然說是「逃避」，但這並不代表逃避人生。**只是我們碰巧和那個環境合不來而已。因為**「人生還會繼續」**，所以無論是遭遇挫折、失敗，還是陷入絕望，人都可以一次又一次地重新站起來。

光靠「憤怒」是無法獲勝的

我　在我覺得逃避的自己很沒出息的同時，說不定還懷抱著「憤怒」的情緒。對於不需要自己的世界感到「憤怒」。就像被霸凌的孩子對於霸凌自己的人和學校感到憤怒一樣。這個時候，義勇說：「憤怒吧！無法原諒，那股強大又純粹的憤怒……是讓自己往前邁進，無可撼動的原動力。」

老師　「憤怒」確實會成為行動的原動力。如同先前所說，人類的「憤怒」是心靈的發作現象，所以最好盡快擺脫憤怒的狀態。《鬼滅之刃》裡面也有個片段傳達了這件事情。「一旦腦中變得透明，就會開始看見一個『清澈透明的世界』。不過這是因為你用盡力氣痛苦掙扎過，才能達到的『領域』。」（17卷151話　竈門炭十郎）這個領域正是我們該去追求的「絕對正向思考」。

關於這一點，我們下一節再來仔細研究。

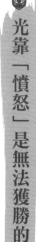

名言16

（18卷153話　猗窩座）

那個眼神中沒有怨恨
也沒有憤怒，
也沒有殺氣跟鬥氣。
或許那雙眼睛
捕捉到的東西是……
我所追求的「至高無上的領域」，
就是「無我的境界」。

在看見「清澈透明的世界」的炭治郎砍下猗窩座頭顱的瞬間，猗窩座意識到炭治郎已到達自己一直在追求的領域，而這句話就是他當時的心聲。在此之後，便開始了一段漫長的人類時期回憶。

追求沒有憤怒與憎恨的領域

我　老師，「絕對正向思考」的意思是不是懷抱「絕對要贏！」的強烈信念呢？

老師　只要心裡還存有要打敗對手、不能輸這種敵對意識或憤怒的情緒，就不可能達到絕對正向思考。「絕對正向思考」是不被對方的言行所迷惑，原封不動接納對方言行的狀態。有意識地想要去贏過某人的想法是「相對正向思考」，並不是真正意義上的正向思考。因為無論我們讓自己的心靈變得多強大，若還是會受到他人的言行左右，就不能算是在過自己的人生。**要避免被別人牽著鼻子走，就必須擺脫憤怒或憎恨這些情緒，採取「絕對正向思考」**。換句話說，只要採取絕對正向思考，就不會被別人掌握生殺大權。

請回想一下炭治郎在最終決戰打倒猗窩座時的情況。炭治郎回想伊之助和父親炭十郎說過的話，終於成功看見「清澈透明的世界」。猗窩座如此形容此時的炭治郎：「那個眼神中沒有怨恨也沒有憤怒，也沒有殺氣跟鬥氣。或許那雙眼睛捕捉到

名言16
那個眼神中沒有怨恨也沒有憤怒，也沒有殺氣跟鬥氣。
或許那雙眼睛捕捉到的東西是……
我所追求的「至高無上的領域」，就是「無我的境界」。

的東西是……我所追求的『至高無上的領域』，就是『無我的境界』。」

也就是說，炭治郎擺脫對於鬼的憤怒與憎恨，藉此獲得了異次元的能力。

實現絕對正向思考的宮本武藏之教誨

老師　這個道理和宮本武藏寫在《五輪書》裡的名言「有構無構」也是互通的。

我　有構無構是什麼意思？

老師　這句話的意思是「架式可有可無」。武藏表示，當敵人朝自己攻過來的時候，愈是不成熟的劍士，愈會卯足幹勁地想著不能輸給對方，執著於「砍」這個行為。另一方面，高手則會去感受對方揮劍的風並招架，再配合對方的動作出手。據說這麼一來，對方就會自己撞到刀口上。

我　劍術高手確實給人這種印象呢。

老師　為什麼技術愈高超的人，愈能做出這種絲滑順暢的動作呢？我認為是因為心靈已經達到絕對正向思考的領域。**所謂的絕對正向思考，就是無論對方是否正朝自己攻**

過來，都隨時保持著內心泰然自若、不受動搖的狀態。用實踐哲學的話來說，就是〈潛意識〉裡沒有雜念和妄念，達到「風平浪靜」的心理狀態。如此一來，你的所有感官都會變得敏銳，對方的動作在你眼中變得像是慢動作播放。這應該就是炭治郎說的「透明世界」的入口吧。

我　也就是說，只要心靈達到「風平浪靜」的狀態，無論遇到什麼問題，都能夠靈活應對。

老師　沒錯。而且，如果能夠像炭治郎一樣變得心如止水，還有可能發揮出超越自我極限的能力。因為此時的我們不會被他人所迷惑，世界觀會更寬廣，還能發揮高度的專注力。

我　原來如此。所以老師才說把憤怒和憎恨當成動力是不好的啊。

老師　不過，就如同炭十郎所說，這是用盡力氣痛苦掙扎過才能達到的領域。要經過堅持不懈的努力才能到達。或許你可以將之設定為人生目標。

名言17

（4卷33話　桑島慈悟郎）

如果只會一種招式，那就將它練到極致。鍛鍊到極限中的極限。

面對只能做到「雷之呼吸」壹之型的善逸，爺爺如此說道。藉由不斷敲打提高鋼的純度，才能打造出一把強韌的刀——爺爺用這個比喻告訴他專注磨練一項技術的重要性。

做不到「多工處理」也沒關係

我　因為善逸只會用雷之呼吸壹之型，所以爺爺如此建議他。善逸不僅將壹之型練到極致，最後甚至還開發出新招式柒之型。但是關於這句話，我有兩個問題想問。

第一個是關於「多工處理」。最近在工作上經常會被要求「多工處理」，能夠同時進行多項工作的人被視為優秀人才，而我非常不擅長這一點。要是一下做這個、一下做那個，腦袋就會很煩躁，很快就超載。要是可以像爺爺說的專心做一件事就好了，可是現實不允許。

老師　說到底，**人是不可能完全做到「多工處理」的**。

我　什麼？很多人都能做到啊。

老師　那只是他們以為自己在多工處理而已。人類的大腦是沒辦法一次專注於兩件事的。就算是一邊開會一邊回信這種簡單的事，一般來說也是不可能辦到的，這一點已經在腦科學領域得到證明。

名言17

如果只會一種招式，那就將它練到極致。鍛鍊到極限中的極限。

我 老師，您也許不知道，很多人都會一邊開會一邊撰寫郵件。不好意思，但現在就是這種時代。

老師 這種行為乍看之下像是多工處理，實際上只是作業轉換（task-switching）而已。出席會議，聆聽會議內容，寫郵件，再聆聽會議內容，只不過是像這樣不停切換作業。而且很不幸地，**作業轉換會讓工作效率降低**。

我 為什麼？

老師 因為每一次進行作業轉換，都會出現專注力中斷的空白時間。為此，我們必須要再次發動專注力的引擎，導致整體工作效率降低。這種「不好好面對一件事情」的「散漫工作方式」不僅沒辦法提高工作效率，還會讓工作的品質降低。讀書也是一樣，一直換科目讀會很沒效率。當然，實際上應該也存在像聖德太子那樣擅長多工處理的人，不過在一般的情況下，作業轉換是很沒效率的。

我 我一直以為是自己不擅長多工處理，原來我是太想要多工處理，造成作業轉換的次數增加，結果變得沒辦法集中精神嗎？

老師 應該是吧。千萬別被「多工處理」這個聽起來很厲害的名詞騙了。到頭來，無論是工作還是讀書，人還是一次面對一件事最能保持專注，效率也最佳。那些看起來很擅長多工處理的人，實際上只是專注於「單一作業」並不斷累積而已。

應當像工匠一樣把「一件事」鑽研到極致嗎？

我　我完全懂了。那麼，我還有一個問題。自從失業後，我就想說要找個編輯以外其他領域的工作。我現在的工作是大樓警衛，還在煩惱以後要回去當編輯，還是再挑戰其他領域。不過，看到爺爺說的話和善逸的表現後，就覺得是不是不該放棄，應該繼續走編輯這條路。畢竟俗話說「堅持到底終會成功」。老師怎麼認為？

老師　考量到時代的變化，這是個非常困難的問題。在過去，專心致志做好一件事被視為美德，在一件事情上出類拔萃的人被稱為「達人」。創辦京瓷和ＫＤＤＩ的企業家稻盛和夫曾在著作中寫道「我認為專心致志做一件事並將其磨練到極致，才能達到真理的境界，理解森羅萬象」、「具備廣泛卻淺薄的知識，等於什麼都不懂」。古時候孔子也說過「逐二兔不得一兔」，而彼得・杜拉克則是用「最沒意義的事，就是努力以更有效率的方式，做根本不該做的事」這句話來表達。換言之，他們都認為將「一件事情」磨練到極致是成功的條件。事實上，據說也有數據顯示「將時間與金錢投注在一個事業上的企業更容易成功」。

我 既然如此，果然還是向善逸學習比較好吧。

老師 ……但是，我自己就不是這樣的人，所以其實心情有點複雜。我的本業是「系統工程」。年輕的時候研究過機器人學，而後又一腳踏進實踐哲學的領域，還將觸角延伸到經濟學、腦科學和心理學。硬要說的話，我並不拘泥於「一件事情」，隨心所欲地喜歡什麼就學什麼，然後從喜歡的事情中發現研究的要素，找出新的研究領域或主題。因此，我無法不負責任地建議你去把「一件事情」磨練到極致。

此外，在接下來的時代，只要掌握事業的核心，就能夠利用ＡＩ等技術做好各式各樣的工作。但是，運用ＡＩ的是人。要是那個人對於工作沒有信念，不管做什麼都難以取得大成就。

只要具備三項專業，就能成為最厲害的人才

我　老師，我之所以會提起這個話題，其實是因為有個觀念認為，「具備三項專業」才能在這個時代存活下去。教育家藤原和博和經濟學家安田洋祐等人都發表過同樣的言論。

老師　哦，理由是什麼呢？

我　在現在這個時代，企業的終身雇用制度已經崩壞，轉職和兼職變得理所當然。據說二〇一八年倒閉的公司平均壽命是23.9年，能夠在一間公司一路做到退休的人逐漸變成少數派，此時需要的是個人的技能，也就是個人的專業度。可是，如果侷限於單一領域，相對而言競爭對手就會變多。舉例來說，要在一個專業領域成為千中選一的人才是極為困難的，但如果具備三項專業，並以成為這三個領域裡十中選一的人才為目標，再將三項專業彼此搭配，相乘之後就能成為千中選一的人才。內容的意思大概是這樣。

名言17　如果只會一種招式，那就將它練到極致。鍛鍊到極限中的極限。

老師　原來如此。很有趣的想法。

我　所以我在想，自己是不是不要拘泥於編輯的工作，去挑戰各式各樣的領域比較好。在社群平台上，也能看到許多人跨業種去挑戰各種不同的領域。像是漫畫家兼寫真偶像、音樂家兼出版製作人等等，這種擁有莫名其妙頭銜的人愈來愈多了。這也代表，現在逐漸進入斜槓的時代了。

老師　那麼，你想嘗試什麼呢？

我　……我不知道。

以「有趣」為基準採取行動！

老師　工作方式會隨著時代的變化而改變，這是理所當然的。同時從事多份工作也不錯。但是我只能說，要是覺得「因為時代如此，所以我最好也如此」，很有可能會讓事情本末倒置。

你之前從事的書籍編輯工作是一份非常有意義的工作，不僅有很多接觸到多元知識的機會，還能將這些知識整合成全新的知識並傳播出去。這不是個很值得做的工作嗎？

我　……對。

老師　既然如此，為何不專心將編輯的技能磨練到極致呢？雖說是磨練到極致，但意思並不是要你成為第一名。你只要用心傾聽自己的心聲，弄清楚自己做書時抱持著什麼樣的信念，並朝那個方向邁進就好了，不是嗎？

接下來的時代怎麼樣，社群平台怎麼樣，YouTube、線上沙龍、群眾募資怎麼樣，你不必去在意自己不感興趣的事情。**只要以自己覺得「有趣」當作基準，採取行動就行了。**

身為一個機器人學家，當我和實踐哲學家交流的時候，也曾被嘲笑「沉迷於那種不科學的東西，真是腦袋壞掉」。但是這些都無所謂。我覺得機器人學很有趣，同時也覺得實踐哲學很有趣，所以兩邊我都去學。不要被與自己無關的資訊所迷惑，徹底去追求自己認為「有趣」的事情吧。這就是成功的祕訣。

名言18

（12卷101話　甘露寺蜜璃）

沒有什麼比實際上親身去體會所得到的東西更有價值了，足以抵得過五年甚至是十年的修業。

炭治郎在刀匠村遇到甘露寺蜜璃，蜜璃在道別時對他說了這句話，告訴他與上弦之鬼戰鬥後活下來是一件很厲害的事。而炭治郎謙虛地回答：「我會加倍努力。」

讓「偶然」成為自己的夥伴，就能開拓人生道路！

老師 煩惱自己該如何維生、該從事什麼職業的時候，只要以「有趣」為基準來做決定就好。剩下的，就是拿出膽量付諸行動。

我 這也是我煩惱的部分。我一直在煩惱要是再次失敗該怎麼辦，因此遲遲沒辦法採取行動。聽了甘露寺蜜璃說的這句話，我也感到認同，但實在是沒有動力。

老師 你有確實持續執行「Kumbhaka」和鏡子自我暗示法嗎？你的目標是像煉獄先生那種「遠離塵世」的眼睛喔。最近是不是偷懶了呢？

我 對不起。

老師 這些也是行動的一部分。實踐哲學就是要去實踐才會產生意義。只有頭腦理解，是沒辦法開拓命運的。

我 是的。是我墮落了。

老師 和戀柱蜜璃所說的一樣，實際體驗的價值比紙上談兵高上好幾倍。這個道理也能

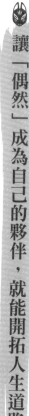

名言18

沒有什麼比實際上親身去體會所得到的東西更有價值了，足以抵得過五年甚至是十年的修業。

套用在職涯規劃上。

實際上，有八成的職涯是由預料之外的事件和偶然緣分所決定的。換句話說，採取愈多行動，提升自我市場價值的可能性就愈高。而膽量就是其根基。

我 有八成是偶然嗎!?

老師 二十世紀末，史丹佛大學的克倫波茲教授提出了一個職涯理論「規劃的偶發事件理論（planned happenstance theory，又譯「善用機緣論」）」，其中呈現了職涯規劃和偶然之間的關係。

根據該理論，在瞬息萬變的現代，**「職涯中的八成是由偶發事件所構成的」**，學者針對數百名商務人士進行調查後得出這個結論。

從調查結果中可以得知，**「為了刻意創造出偶發事件而積極採取行動」能夠有效提升自我市場價值**，而不是單純等待偶發事件降臨。

實不相瞞，我之所以會成為「機器人學家」也是出於偶然。大學畢業後，我進入東京大學「生產技術研究所」，擔任糸川火箭的研究助手。

之後，我得到了前往加州大學柏克萊分校留學的機會，但是當時的指導教授把

「火箭（rocket）」弄錯成「機器人（robot）」，所以我就莫名其妙地成了「機器人學家」。

我　真的假的（笑）？竟然會發生這種事。

老師　人生中任何事都有可能發生。我只能說，慢慢走也沒關係，只要不停下腳步，持續行動，一定會遇到偶發事件。而那個事件有可能會決定你的未來。以「有趣」為基準繼續從事編輯的工作，未來也有可能莫名其妙走上完全不同的職業道路。

仔細傾聽自己的心聲，以「有趣」當作指南針展開行動，你或許就能在偶然的幫助下，前往與過去完全不同次元的世界旅行。

因此，請拿出膽量行動吧。

我　逃避工作之後，我曾以為自己已經走投無路。可是聽了老師的話之後，我又覺得可能性是無限大的。

老師　人到死之前都擁有可能性。就算明天會死亡，只要從今天起採取行動，從今天開始得到幸福也不算晚。

我已經年近九十，現在仍活得像煉獄先生一樣，內心燃燒著熱情的火焰。我以

「有趣」為基準採取行動，所以才能讀到《鬼滅之刃》這部超棒的漫畫，而且還有機會和你這樣談話。不管活到幾歲，人生都充滿喜悅與刺激。

我 老師，只要振作起來，邁出腳步，一定會有某個東西或某個人在前方等著我。我也想遇見那種能夠讓人心情雀躍的偶然。

SESSION

4

發現「微小幸福」的話語

名言19

（11卷92話　竈門禰豆子）

是否幸福
是由自己來決定……
重要的是「現在」。

在與妓夫太郎的戰鬥中陷入危機時，失去意識的炭治郎腦中響起了禰豆子以前說過的話。炭治郎為了家境貧窮向禰豆子道歉，而她則鼓勵哥哥說「向前進吧」、「一起努力吧」。

幸福沒有「終點」

老師 你失去工作、失去家人、揹著債務，為了從谷底重新站起來而找上我。試圖從「除此之外的別處」和「現在以外的未來」中尋找希望，現在正要開始重生。

我 沒錯。

老師 這樣的你，會如何解釋禰豆子還是人類時對炭治郎說的這句話呢？在這個章節，我打算將「幸福」定為主題。

我 這是炭治郎在與妓夫太郎戰鬥中陷入空前絕後的危機，快要失去意識時腦中響起的一句話，對吧？從前後文推斷，可以得知在父親炭十郎死後，炭治郎經常對被迫過著貧窮生活的家人和禰豆子道歉。

也就是說，不要對過去感到後悔，或將不幸怪罪在誰的頭上，要積極向前看。這句話的意思是這樣吧？

老師 來思考看看要怎麼把這句話運用在你的人生上吧。

名言19

是否幸福是由自己來決定……
重要的是「現在」。

我　……總之就是「當下」要好好努力。如此一來，未來某天一定會變得更好。我是這麼解讀的。

老師　我認為你的解讀和這句話的意思有點出入。因為禰豆子說「是否幸福是由自己來決定」。**這意味著，禰豆子是在宣言「要把現在這個瞬間過得幸福」，而不是未來的某一天。**

對此時此刻懷抱感謝的心，才能孕育出真正的幸福。英國有一句諺語說「覺得自己不幸的時候，更要表現出幸福的樣子」。

我　是「活在當下」的意思嗎……

老師　沒辦法對「當下」感到幸福，是因為你沒有把「當下」視為自己真正的人生。比如說，當你還是學生時，是不是認定「當下」是累積知識和經驗的時期，或盡情玩樂的時期，真正的人生是在出社會以後？

我　可能吧。

老師　結果怎樣呢？出社會以後，光是要熟悉工作就耗盡全力，總是被業績追著跑，「當下」又淪為過上真正人生之前的準備期。接著，你終於能夠獨當一面，心想真正的人生終於要開始了，結果又要背起社會與家庭的責任，過著被生活費和貸款追著跑的日子，不知不覺就上了年紀。最終進入老年，想開始過「真正的人生」，卻發覺自己「當下」沒有想做的事情，被年輕人嘲笑是「老害」，只會吃喝拉撒睡的人生就此告終。這都是因為你沒有活在「當下」，沒有「把現在這個瞬間過得幸福」。如果你總是向「未來」尋求幸福，大概也會過上這樣的人生吧。

我　老師，請等一下。不是正因為如此，無論有多痛苦，「現在」都必須努力嗎？

老師　現在正在度過的人生，是你的人生，也是我的人生。時間的流動是由每個「當下」串連起來的。由一個又一個當下累積而成的「永遠的當下」，就是人生。因此，我們需要的是「把現在這個瞬間過得幸福」的意志，而不是「讓未來過得幸福」。每一件事情都有前因後果。**未來發生的所有事情都和「當下」串連在一起。因此，如果你現在感受不到幸福，以後大概也永遠不會感受到。**

我　……我知道了。可是，處在我現在的情況下，要怎麼感受到幸福？

老師　你在說什麼啊？無論是我還是你，應該都已經無比幸福了。只要留意到這一點，你從「此時此刻」開始就能感到幸福。

名言20

（17卷145話　我妻善逸）

不論何時，
總是聽你發出不平之鳴。
心中那個
能夠裝進幸福的箱子
破了一個洞，
使得幸福不斷流失。

善逸回想自己和獪岳一起修行的那段時間，並提到自己從獪岳身上聽到的聲音。獪岳在爺爺和善逸心中都是特別且重要的人，但這份心意卻沒能傳達給他。

即使物質欲望獲得滿足，也無法得到幸福

老師 為了讓你「能夠感到幸福」，首先我想問問，在什麼狀況下你會感到幸福呢？你心目中的理想「幸福形式」是什麼？

我 這個嘛……首先，我想從事能感受到價值的工作。

老師 原來如此。還有呢？

我 呃……我想想喔，還是想要有家人吧。因為過去幾次都失敗，所以覺得下次一定要做好。如果能在假日和家人一起出去玩或是去旅行，我會覺得很幸福。我想過過看這種平凡的生活。

老師 原來如此。還有其他的嗎？

我 呃……差不多就這樣吧。

老師 這只是我的猜想啦，但即使從事了有價值的工作，假日和家人一起出去玩，你也不會感到幸福吧？你以前也過過這種生活，但實際上有感到幸福嗎？

名言20

不論何時，總是聽你發出不平之鳴。
心中那個能夠裝進幸福的箱子破了一個洞，
使得幸福不斷流失。

我　……我想不起來。不，我想，多半是沒有吧。

老師　是和獪岳一樣的狀態呢。看來你也是「心中那個能夠裝進幸福的箱子破了一個洞」。之前你說過獪岳很像日本的商務人士，這個形容非常精準。日本雖然是先進國家，但是「世界幸福排行」卻只有六十二名，我推測這是因為處在獪岳狀態的人正在增加。

像獪岳這樣的人，不管完成了什麼事、滿足了多少自己的慾望，都沒辦法感到幸福，因為裝載幸福的箱子破了洞，導致幸福不斷流失。你就算擁有一億日圓的年收入，結婚對象是和原節子一樣的絕世美女，成為不斷推出暢銷書的編輯，恐怕也不會感到幸福。

我　沒體驗過怎麼知道……不過也許是這樣沒錯。（原、原節子是演小津電影的那個嗎!?可不可以用新垣結衣當例子……）

老師　不管「當下」再怎麼努力，如果最終無法得到幸福，一切的努力就等於白費。物質的慾望是無法靠這樣得到滿足的。即便暫時感到滿足，也會很快就發現那不是真正的幸福，因而感到空虛。如果你是「正常人」的話。

我　……我開始搞不清楚自己是為了什麼而想要改變人生了。即使抵達終點，也只是徒增空虛……

老師　**過著物質至上的生活，人是不會得到幸福的。**因為當人在物質或金錢上獲得滿足，就會變得志得意滿，最終心態崩潰。真正能讓我們感到幸福的是學會「知足」。因此，我們必須抱持盡可能將此時此刻活得更有價值的態度。而為了做到這一點，我們要不假思索地將「三勿三行」謹記在心並嚴格遵守（註：「三勿」是勿動怒、勿恐懼、勿悲傷，「三行」是正直、親切、愉快）。

了解「知足」本質上的意義

我　簡言之，遵守三勿三行，滿足於當下的生活就能得到幸福，是嗎？要知道自己的分寸……但我就是因為無法感到滿足，才想要改變啊。

老師　確實有些人是這樣解釋「知足」的意思，但這是錯的。據說「知足」一詞出自道教始祖——老子。《老子》（亦稱《道德經》）這本古籍中寫道「知足者富」，意思是

名言20

不論何時，總是聽你發出不平之鳴。
心中那個能夠裝進幸福的箱子破了一個洞，
使得幸福不斷流失。

我　「知足的人會感到富足」。老子使用「知足者富」一詞，並不是要人「不准抱怨自己現在的境遇」或「掂掂自己的斤兩」。老子所說的「知足」有著更多的哲學意義。意思是內心的問題嗎？

老師　沒錯。「知足者富」是在告訴大家「知足的人，亦即總是感到滿足的人，能過上心靈富足的生活」。這裡的重點在於，要思考這份滿足感究竟是從何而來。請回憶一下前面提過的內容，我們並不是依照自己的意願降生於這個地球的。

我　……意思是說，我們是森羅萬象之中的一份子，因森羅萬象而活著，因孕育出宇宙的「氣」而活著，對嗎？

老師　是的。這有可能會被認為具有宗教性質，但對這個莊嚴的真理心懷感謝，才是能讓我們獲得幸福最貼近本質的一件事。就算是孤身一人，就算當了好幾年家裡蹲，無論是揹著債務還是沒有工作，無論有沒有家人，我們都平等地活著。能夠領悟這個奇蹟，就是至高無上的幸福。

我　……我感覺老師至今為止說過的話，在我心裡慢慢串連起來了。我們並不是靠自己的力量誕生的。與森羅萬象一樣，是某個人賦予了我們生命。認為能夠憑一己之力去改變什麼是一種傲慢，我們人類一開始就是被設計成要互助合作的。證據就是我們擁有「利他之心」，只要親切待人，大腦就會分泌快樂物質，讓我們感到幸福。另一方面，再怎麼滿足自己的慾望，人類也無法感到滿足，這也是一開始就被設計好的。一切都串連起來了。

老師 提到讓心靈變強大、不要向逆境低頭、開拓命運等等，人們往往會誤以為這是滿足自己慾望的方法。不過，**如果我們的根本目的是「得到幸福」的話，那麼讓自己變強大的理由必須是「為了別人」，否則就沒有意義了。**

事實上，據說日本人幸福度低落的原因之一，是志工活動較外國來的少。要是心理狀態變得像猶岳一樣自我中心，最終就會無法感受到幸福。

我 老師，在今天以前，我一直都在想著自己要成為怎麼樣的人，只考慮自己的事情。我現在終於知道，這種心態兜兜轉轉讓自己吃了多少苦頭。

名言21

（21卷186話　繼國緣壹）

看到幸福的人，
自己也會覺得很幸福。
在這世上，
一切事物都那麼美好。
光是能夠出生在這個世界上
就很幸福了。

戰國時代，因為讓無慘脫逃、哥哥變成鬼而遭到鬼殺隊除名的日之呼吸始祖——緣壹，在拜訪炭吉家的時候說了這句話。炭治郎透過繼承下來祖先記憶，親耳聽到緣壹的聲音。

人是為了得到幸福而誕生於世的

我　《鬼滅之刃》最後一話描繪了登場角色的子孫在現代生活的樣子。我們可以知道後來炭治郎與香奈乎、善逸與禰豆子結了婚，還有伊之助應該是和葵結為夫妻，並留下了子嗣。前一話的204話講了打倒無慘、消滅鬼之後的故事，並且在最後描繪了炭治郎、禰豆子、善逸和伊之助一起回到故鄉雲取山的家，大家一起大掃除、吃飯、洗澡等日常景象。

我最喜歡這種結局了。想到登場角色們先前就是為了找回這種「小小的幸福」而奮戰，就覺得實在太感動了。

老師　之前炭治郎被魘夢催眠時，在夢裡與家人再會，並難得說了喪氣話：「我很想一直留在這裡。我想回頭，回到那個家。」（7卷57話）與家人一起度過無可取代的日常生活就是他心目中的「幸福」。被無慘變成鬼時，他也在懇求：「求求祢，神啊！請讓我回家吧！我只是想跟妹妹一起回家。」（23卷203話）看見炭治郎這質樸的樣

名言21

看到幸福的人，自己也會覺得很幸福。
在這世上，一切事物都那麼美好。
光是能夠出生在這個世界上就很幸福了。

子，就能夠完全理解，要達成什麼事才能贏得幸福這個想法是說不通的，不是嗎？

我　我完全理解炭治郎的心情。我知道很多人都和炭治郎一樣，認為「小小的幸福」就是幸福。但我在想，我們真的能夠達到繼國緣壹這句話的境界嗎？這就是老師所說的「知足」嗎？

這時候的緣壹因為讓無慘逃走，以及哥哥繼國巖勝（黑死牟）變成鬼，所以被鬼殺隊除名。緣壹與巖勝是雙胞胎兄弟，但緣壹一出生額頭上就有著斑紋，因此被視為不祥之子，差點遭父親殺害。他被關在一個只有三個榻榻米大的房間養大，母親死後，為了不給哥哥造成麻煩而離家出走，與偶然遇見的女孩子小詩一起生活，兩人在十年後結為夫妻。然而，小詩和肚子裡的孩子都被鬼殺了。

被鬼殺隊除名的緣壹，此時正處於失去一切、跌落絕望深淵的狀態。儘管如此，他卻覺得「在這世上，一切事物都那麼美好」、「光是能夠出生在這個世界上就很幸福了」。為什麼緣壹能夠這麼覺得呢？

老師　在這段劇情的最後，緣壹抱起炭治郎祖先——炭吉的小寶寶玩「舉高高」，然後流著眼淚緊緊摟住。我認為這說明了一切。

只要注意到「奇蹟」的連鎖，就一定能得到幸福

老師 你我都是透過父親的精子和母親的卵子相遇而誕生。據說一次射精的精子數量多達一億至四億個，而其中能夠與卵子結合的，幾乎只有一個。即便成功受精，受精卵在子宮內著床的機率也只有約75％。即便成功著床，也不代表一定能順利懷孕。即便成功懷孕，也有15％的機率流產。我們就是以如此奇蹟的機率誕生於世的。

而這個奇蹟，也同樣發生在父母、四名祖父母、八名曾祖父母身上。不僅如此，自從人類誕生以來，奇蹟的連鎖就不斷重複，因此我們才會存在於「此時此地」。這個宇宙的機率奇蹟只要欠缺任何一項，我們就不會存在於此。**存在於「此時此地」的我們所有人，不都算是奇蹟之人、幸福之人嗎？**

而且，沒有人知道「為什麼會發生這種奇蹟」。沒有人知道是什麼創造出了宇宙，是什麼創造出了我們的生命。雖然不知道，但奇蹟的連鎖依然是在繼續。想到這裡，我才深深確信「氣」這股洪荒之力是存在的。我從「氣」的存在中，感覺到

名言21
看到幸福的人，自己也會覺得很幸福。
在這世上，一切事物都那麼美好。
光是能夠出生在這個世界上就很幸福了。

一種溫和平靜的慈悲。於是就覺得，世上的一切看起來都很美麗。光是誕生在這個世界上，就覺得很幸福。

變得能夠對一切事物懷抱感謝。

我 ……我原本以為，緣壹抱著炭吉的寶寶哭泣，是因為想起自己那沒能順利誕生的孩子。原來他是感受到源遠流長的生命連繫之可貴，才淚流不止的啊……

即使明天就會死亡，從今天開始變幸福也不晚

老師 我也很喜歡無一郎說的一句話：「我是為了過得幸福才出生的。」（21卷179話）在臨死之前，無一郎對出現在腦海中的哥哥有一郎說：「過去我很幸福呢，一家四個人生活在一起的時候。後來剩下我一個人，雖然遇上很多難熬跟痛苦的事，但是我認識了很多同伴，讓我很開心，所以又能夠展露笑容了。有數不清的瞬間讓我覺得很幸福。」我希望自己大限到來的時候，也能懷有和無一郎一樣的想法。為此，**我要在心中不斷累積日常生活中的「幸福瞬間」，而不是「總有一天要得到幸福」。即**

我 **使明天就會死亡，從今天開始變幸福也不晚。**

老師，我現在的心境是「就算我不是被挑選上的人、就算實力不夠……人總是會有絕對不能退縮的時候！」（10卷81話　炭治郎）、「不管他有沒有才能，他都決定拚命跟鬼戰鬥。」（15卷133話　炭治郎）、「這件事絕對……非得要由我來做才行……」（16卷136話　善逸）。

老師 哈哈，看來你已經下定決心了呢。

我 「弄清楚什麼是自己該做、非做不可的事情而已。」（16卷136話　善逸）（笑）

老師 那就送給你這些話吧。「總之，你只要想著如何活下去。只要活著就有辦法。」、「微不足道的小事將成為起點，將你腦海中的霧靄澈底吹散。」（13卷108話　產屋敷耀哉）

SESSION
5

有趣到令人難忘！
《鬼滅之刃》
迷言集

名言22

（3卷19話　我妻善逸）

我不知道自己什麼時候會死！所以才想跟妳結婚！拜託妳了——！

最終選拔過後，炭治郎再次遇見善逸，卻看到善逸在向路邊偶然遇到的女子熱烈求婚。炭治郎對滿口喪氣話的善逸說「為什麼這麼不知羞恥」。

考察善逸脫離常軌的結婚夢！

我　老師！其實我和出版社的人說了我和老師對談的事，然後他們說可以幫我們出書！

老師　……真的？你沒關係嗎？這有點像是你的人生諮詢耶。

我　沒關係！（應該吧）那麼這個章節，就讓我來聊聊稍微輕鬆一點的話題吧。首先是善逸的結婚夢。我非常了解善逸的心情。總而言之就是想結婚，無論如何都想結婚。因為，結婚是一件很棒的事啊。

老師　聽說你已經經歷過三段失敗的婚姻，還沒放棄結婚夢啊？

我　那當然！結婚然後建立幸福的家庭，是得到幸福的充分必要條件！

老師　你真的有把我們之前談過的內容聽進去嗎？

我　開玩笑的啦！不過，結婚還是人生的一大事件吧？畢竟會決定自己將要和誰共度一生。

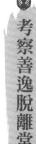

善逸最後和禰豆子結婚了，對吧？真是令人羨慕啊～

老師 按照你的說法，你只是想要結婚，無論對象是誰都可以？為了掩蓋自己的缺點，為了偽裝成一個正經人，為了依賴結婚對象。你以前有沒有被說過「我不是你媽！」或「我不是負責煮飯的傭人！」之類的話？

我 ……（他、他怎麼會知道。）

老師 這時候的善逸也「只是想要結婚，無論對象是誰都可以」。畢竟他都纏著路過的女子說「妳要救我！請跟我結婚！」了，他應該是在尋找可以扶持弱小自己的對象吧。但是，這種「只有索求」而「沒有付出」的關係一定會在未來某天破裂。**善逸和禰豆子的婚姻之所以順利，是因為善逸克服了自己內心的軟弱，成了為禰豆子「付出」的人。**如果你未來有機會再婚，一定要認真思考自己能給予對方什麼、想要打造什麼樣的家庭。若還是和現在一樣，只會再多留下一筆離婚記錄。

我 好的（明明是想聊聊輕鬆的話題，卻被說教了……）。

名言23

（3卷24話　竈門炭治郎）

因為我是長男所以可以忍受，如果是次男就會受不了。

這是長時間忍受腳和肋骨骨折痛楚的炭治郎流露出來的心聲。把善逸從女孩子身上拉開的時候，炭治郎也一直在忍耐著疼痛。

名言23

因為我是長男所以可以忍受，如果是次男就會受不了。

考察「長男可以忍受的問題」

我 這句台詞讓我大爆笑，心想長男有必要這麼堅強嗎！這時候的炭治郎明明肋骨和腳都骨折了，還憑著長男的氣魄突破難關，漂亮地戰勝響凱。

看這句台詞時，應該要考慮到大正時代的時代背景吧。

老師 是啊。炭治郎活在大正時代，此時連法律上都還採行「父系制度」。財產由父系繼承的「父系制度」，一般來說是靠長男維繫下去的。因此，**守護家族是長男的任務、長男一定要堅實可靠、如果是長男就可以忍受，這些意識根植於人們心中。**

現在，日本國憲法第二十四條規定「夫婦平權」，但是「父系制度」依舊根深蒂固地殘留於社會習俗和人們的意識之中。實際上，女性婚後從夫姓的比例高達98%。

我 我在瀏覽推特（現稱X）的時候，經常看到女性主義者抨擊「父系制度」，不知道他們有沒有對炭治郎說的這句話表示意見，我自己看到的時候是挺驚訝的。

老師 你是長男嗎？

我 我是次男。

老師 有這種感覺呢。我身為長男，其實非常能夠理解黑死牟的感受。他作為長男，必須撐起整個家，所以才會懷有不能輸給次男緣壹的壓力和嫉妒心。他被困在優秀弟弟這個詛咒中，最終墮落成鬼。如果沒有「父系制度」，或許黑死牟就不會變成鬼了。我記得自己以前也很嫉妒優秀的弟弟。現在回頭想想，其實即便身為長男，也沒道理一定要比弟弟還優秀啊。長男也有長男的辛苦之處。

我 先不論父系制度對女性的差別待遇，「強者守護弱者」這個《鬼滅之刃》所傳達的單純訊息，反倒令人覺得很新鮮。

老師 就是因為這樣，沒用的男人才會愈來愈多吧。

我 ！（是在說我嗎？）

名言24

（3卷25話　響凱）

在下……寫的東西……並不是垃圾。在下的血鬼術……還有鼓……都得到認同了……

炭治郎沒有踐踏自己的稿紙，用鼓發動的血鬼術也被稱讚「厲害」，響凱受人認同的欲望得到滿足，在臨死之際說了這句話，並且始終自稱「在下」。

為變成鬼依然繼續寫小說的熱情致敬

我　我很喜歡響凱。他被類似師父的人批評：「太無趣了，你寫的東西都跟垃圾沒兩樣。」「你不要再寫了。只是在浪費紙跟筆。」稿紙還被踐踏，真的可很可憐。自稱「在下」也很像早期的作家，很好笑。感覺田山花袋就會一邊哭到讓蒲團被眼淚浸濕一邊如此稱呼自己。

老師　響凱變成鬼之後也持續寫作。我記得那位師父曾經對他說：「你最近白天都沒出去。」

我　炭治郎人很好，發現留著某人手寫字跡的稿紙掉下來後，就立刻閃開，還對響凱說「你的血鬼術的確了不起」。這個瞬間，響凱受人認同的欲望終於得到滿足，他流著眼淚說「得到認同了」。我覺得他真是個好人，也為他的努力得到回報而感到開心。

老師　話說回來，你知道響凱寫的小說是什麼嗎？

名言24
在下……寫的東西……並不是垃圾。
在下的血鬼術……還有鼓……都得到認同了……

我　根據公式資料手冊所述，好像是類似《里見八犬傳》的傳奇小說。

老師　我有一個猜測。那就是**《鬼滅之刃》的原作者會不會就是響凱。**

我　什麼？這是什麼意思？

老師　《里見八犬傳》是流行於江戶時代後期的娛樂文學。因為神祕的因緣連結在一起的八名劍士慢慢集結，經歷過反抗與敵對，最後締結了強固的羈絆，一起戰鬥。名字中含有「犬」字的八犬士各自持有寫著「仁、義、理、智、忠、信、孝、悌」文字的念珠，且身上都有著牡丹形狀的痣。雖然一邊是八人，一邊是九人，但各具特徵和身上有印記等部分，不覺得和《鬼滅之刃》的柱很像嗎？。

我　您的意思是吾峠老師讓響凱的作品在現代重生了（笑）。如果是這樣的話，響凱那句「在下寫的東西並不是垃圾」就所言非虛了呢。

老師　有不少文學、繪畫、音樂等藝術作品，都是在作者死後才出名。一想到筆耕不輟的響凱寫下的作品在現代重獲新生，就覺得當時炭治郎沒有踐踏稿紙實在是太好了。幻想不斷膨脹。

我　真是驚人的「深入解讀」（笑）。

名言25

（6卷49話　我妻善逸）

每個女孩子
都有兩個乳房、
兩個屁股跟兩條大腿啊！
光是擦身而過
就能聞到很香的味道，
光是用眼睛看就很開心不是嗎！

第一次參加功能恢復訓練的善逸得知訓練內容後，把炭治郎和伊之助帶到屋外要求他們道歉時說了這句話。「你是被女孩子摸耶」等發言全都被葵她們聽見了。

名言25

每個女孩子都有兩個乳房、兩個屁股跟兩條大腿啊！
光是擦身而過就能聞到很香的味道，
光是用眼睛看就很開心不是嗎！

為什麼善逸頻頻說出性騷擾發言卻很受歡迎

老師 選了善逸的這句台詞就表示又要……

我 這真是一句名言啊。把乳房、屁股和大腿數成「兩個」，還從中找到價值，令我大受衝擊。「光是擦身而過就能聞到很香的味道」這句話也讓我想起年少時的回憶，所以「光是用眼睛看就很開心」這句話我也能夠理解。

老師 得知進行功能恢復訓練時可以和女生接觸後，善逸大吵大鬧，然後就說了這句話吧。女生聽到這種話，不會告他性騷擾嗎？

我 老師，你太死腦筋了吧！若在現實世界說這種話當然會出事。實際上，聽到善逸這些發言的小葵、菜穗、小清、小澄也很生氣。

老師 不過啊，性騷擾這種事情是取決於對方怎麼想，或許善逸是被原諒了吧。

我 可是老師，善逸真的對女孩子很溫柔。例如潛入吉原調查的時候，面對對待女孩子們態度高傲、旁若無人的墮姬，善逸堅毅地放話說：「去向那個被妳扯掉耳朵而受傷的女孩道歉。就算是妳賺錢提供她們吃穿住，那些女孩也不是妳的個人物品。」（10卷88話）雖然這時他處在睡著的狀態。「兩個乳房」這句話聽起來很像「物化」女性的發言，但我們能夠由此看出，善逸的本質完全不是這樣的。

老師 我聽說善逸很受女性歡迎，果然是因為反差很大吧。他雖然愛好女色又膽小，但在關鍵時刻總能勇敢站出來迎敵；他有著不斷說出搞笑台詞的陽光面，卻也有著黑暗的過去，或許就是這種極大的反差擄獲了女性的心吧。心理學中有個概念叫「得失理論」。這是一種最初得到的資訊和下一個得到的資訊落差愈大時，就愈容易覺得這個落差比實際上更大的心理作用。因此，**在善逸說出「兩個乳房」這種鬼話之後，以一招神速的居合斬打倒鬼，就會讓人覺得他比實際上更帥。**

我 原來如此！意思就是說，滿口鬼話就會受女生歡迎，對吧！

老師 如果在那之後沒有展現出帥氣的一面，就沒有任何意義了。還有可能被告性騷擾，必須多加留意。

我 ！（我又被損了嗎？）

名言26

（6卷51話　胡蝶忍）

不會的話也沒辦法，
不能怪你們啊！
請你加油吧，
善逸，我最看好你喔！

為了讓善逸和伊之助學會「全集中・常中」，胡蝶忍分別說了兩句能讓他們兩人燃起鬥志的話。之後他們兩人明顯燃起鬥志，在九天內學會了全集中・常中。

胡蝶忍的出色管理能力

我　為了讓伊之助和善逸學會「全集中．常中」，胡蝶忍說了這句話，使他們燃起鬥志。胡蝶忍很擅長教導人呢。從這裡可以看出，要教導別人某些事的時候，摸透對方的習性是很重要的。

老師　畢竟這兩個人的個性都相當好懂嘛（笑）。面對勤奮努力的炭治郎，胡蝶忍直接用「加油」來聲援他；面對不服輸的伊之助，她故意擺出放棄的態度；而面對愛好女色的善逸，則利用女性魅力使他燃起鬥志。她會根據狀況採用不同的指導方式。我覺得她的作法很接近領導理論之一的「情境領導理論」。

情境領導的英文是situational leadership，該理論認為領導者必須根據狀況改變自己所扮演的角色。使用統一的方法指導人經常會遭遇困難，畢竟接受指導者的成長環境、價值觀、個性都不一樣，而且每個人的能力和企圖心也都有所不同。因此，**現代領導者必須能夠靈活地因材施教。**看來胡蝶忍很有這方面的才能呢。

名言26

不會的話也沒辦法，不能怪你們啊！請你加油吧，善逸，我最看好你喔！

我　那為什麼炭治郎反而很不會教導人呢？

老師　那是因為，雖然看不太出來，但炭治郎其實是「長嶋茂雄型」的天才。關於發現印記的原因，他是這樣說明的：「好像這樣子嗚哇——然後啊……接著肚子就咕嚕——」（15卷128話）像這種天才或天真型的人，一不小心就會用感覺去教導人，所以很難讓對方聽懂他說的話。

我　這樣的話，蜜璃應該也很不擅長指導吧。她也是這樣說明自己的印記：「嗚啊啊啊——的就來了！接著嗚的啊的……感覺心臟噗通噗通地跳，耳朵也出現耳鳴，全身發出嘎吱嘎吱的聲音！」讓人一頭霧水（笑）。

老師　當時那個「全場傻眼」的氣氛真是有趣。之前也說過，要將主觀獲得的知識，也就是所謂的內隱知識，轉換成能夠客觀運用的外顯知識是非常困難的。能夠用語言將關於印記的發現精準表達出來的無一郎，語言能力可說是非常強大。

名言27

（4巻28話　嘴平伊之助）

如果說有無意義，你的存在本身就沒有意義。

在那田蜘蛛山之戰，伊之助第一次見到前輩劍士村田的時候說了這句話。村田說身為癸的兩人前來一點意義也沒有，讓伊之助火冒三丈。

名言27

如果說有無意義，
你的存在本身就沒有意義。

伊之助罵人的有趣之處，就在於詞彙量很豐富

我 其實這是伊之助的第一句台詞。雖然伊之助說過很多具有衝擊力的台詞，但很難拿來當成討論主題……比方說「不要小看我，小心我把妳的胸部扯下來！」（6卷51話）、「我可是踩過小女孩的！」（6卷49話）之類的（笑）。

此外，他的搞笑場面多不勝數，比如把火車頭誤認為土地之主、看似故意搞錯炭治郎和善逸的名字、對自己是老大這件事異常堅持等等。

這次選擇的台詞，是他第一次遇到前輩劍士村田時所說的話。初次見面就出言不遜呢（笑）。

老師 「快點說明現在的狀況，你這弱雞！」或「你這尿褲子的到底在說什麼」，他還真敢對村田口出狂言啊（笑）。伊之助還說過「現在沒有東西能夠比得上這剎那的愉悅感」（4卷26話），詞彙量意外地豐富呢。

我 罵人的時候詞彙量太貧乏就不好玩了。「小心我把妳的胸部扯下來」這句話，也

是普通人的腦袋絕對想不出來的，不愧是野孩子（笑）。

讓村田的存在產生意義，《鬼滅》成了真正的名作

老師　村田最後成了一個非常「有意義」的人物呢。

我　是啊。完全沒想到村田直到最終決戰，都被描寫成一個有意義的人物。我覺得村田就是「普通」的代表人物。和炭治郎他們不同，他穿著沒有經過改造的一般隊服，甚至連完整的名字都沒出現過。因為他是「無名隊士」的代表，也是「路人角色」的代表，所以不能賦予他太多的個性。

雖然在17卷得知他會使用「水之呼吸」，但因為能力較弱，日輪刀的顏色淡到看不出來，使用型時的水流顏色也淺到看不見。

柱就不用說了，炭治郎、善逸、伊之助等人都是被選上的菁英劍士。我認為村田才是最貼近我們的人物。

名言27

如果說有無意義，
你的存在本身就沒有意義。

老師　這樣的村田，應該一直都在努力不懈地鍛鍊吧。柱訓練的時候，他也默默地努力跟上大家。最後，他在無限城決戰中登場，並且已經成長到能夠與無慘即興創造出來、能力與下弦相當的鬼戰鬥。

我　**我認為在漫畫沒有畫出來的地方，村田肯定一直都在增強自己的內心，持續著不為人知的鍛鍊。**雖說是在漫畫的世界裡，但炭治郎他們努力的身影一直都有被描繪出來。他們的努力是有人見證的。

而村田是「普通人」，沒有重要到能夠在漫畫中被畫出來。但是，村田肯定也在沒有人看到的地方一個人努力著。我認為他是最值得我們學習的對象。

老師　在這層意義上，富岡義勇記得與自己同期的村田名字這件事，對「普通人」來說是一種鼓勵呢。

或許可以把這件事解讀為**「一定有某個人把你的努力看在眼裡」**。

我　伊之助雖然對他說過「你的存在本身就沒有意義」，但《鬼滅之刃》把村田這個角色描寫到最後，是不是在藉此告訴我們**「世上沒有毫無意義的存在」**呢？

激論番外篇

向鬼學習！避免誤入歧途的祕訣

——他們真的是「加害者」嗎？

沒辦法接受自己「一無所成」的黑死牟

我　老師。最後我想要聊聊關於鬼的事情。如果他們還身為人類的時候知道實踐哲學的話，是不是就不會淪落成鬼呢？我想針對這一點思考看看。

首先是上弦之壹黑死牟。他是日之呼吸始祖——繼國緣壹的雙胞胎哥哥，身為人類時的名字是繼國巖勝。巖勝憧憬並嫉妒天才劍士弟弟的才能，自幼就對他抱有摻雜著憎恨的複雜情感，作為哥哥的自尊心也很高。不過，在緣壹離家後，他便娶妻生子，作為戰國時代的武士過著安穩的日子。

然而，某天緣壹救了遭鬼襲擊的他，兩人重逢，年幼時的嫉妒與憎恨之火又燃燒了起來。於是他拋下妻兒，獨自一人踏上了獵鬼人之路。但是他的才能遠遠不及緣壹，最終自己選擇成為鬼。

老師　黑死牟是因為被弟弟這個他人牽著鼻子走，才迷失了自我。他在臨死之際也說了：「為什麼我無法留下任何東西？為什麼我無法成為一個大人物？」（20卷178話）

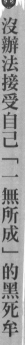

沒辦法成為大人物也無妨啊。當然，我能夠感同身受地理解擁有天才弟弟的哥哥的痛苦。但即便如此，我也不會成為鬼。我想一切的錯誤，都在於拋妻棄子加入鬼殺隊這個決定吧。

我 要是能夠「知足」，巖勝就可以與家人一起幸福生活了。從這裡可以深深理解，「把現在這個瞬間過得幸福」的重要性，而不是盼望未來。

除了成為鬼以外，猗窩座還有其他選擇嗎？

我 那猗窩座呢？他身為人類時的名字是狛治。

老師 當我得知猗窩座的過去時，不禁啞口無言。因為我原本覺得他是個只會耍嘴皮子的輕浮鬼。

我 他為了拯救父親的生命而不斷竊盜。然而父親卻留下「要正大光明地活下去，還能重新來過」的遺言，自殺身亡。自暴自棄的狛治被經營武術道場的慶藏所救，又與慶藏的女兒戀雪訂下婚約。就像父親說的那樣，「自己或許能夠重新來過」的想法充斥在他的心中。然而就在此時，悲劇再一次降臨。隔壁劍術道場的兒子忌恨他與戀雪的關係，於是在井裡下毒，毒死了慶藏與戀雪。在這個瞬間，狛治捨棄了人生，徒手殘殺了隔壁道場的67人。對於失去了所愛之人和應守護之人的狛治來說，成為鬼甚至是一件「無所謂」的事。我認為他除了成為鬼以外，已經別無選擇。

老師　對於這一點，我要表示「否定」。

我　為什麼？

老師　我們如果對他表示肯定，就等於是「肯定只要有理由就可以殺人」。不管遭遇什麼樣的悲劇，我都要否定殺人這件事。他終究還是因為內心軟弱，犯了和劍道道場兒子相同的罪。

我　老師，可是在現實世界，您能夠對殺人事件的受害者家屬說出一樣的話嗎？當您自己的家人被殺害時，您還能夠這樣想嗎？

老師　至少我認為應當如此。對於一個年輕時經歷過戰爭的人來說……我認為，無論是什麼案件或意外的被害者，都沒有殺害加害者的權利。

我　……這個討論的結果似乎會是兩條平行線。那麼，狛治該怎麼做才好呢？在戀雪被殺害之後。

老師 只能忍耐。然後，等待時間過去。只能不斷祈禱。為此，必須要擁有超乎想像的「堅強心靈」。

我能說的只有這些了。

童磨是「毒親」的被害者

我 那麼，童磨又是如何呢？我對於童磨的解讀是，一個徹頭徹尾的神經病為了獲得力量而成為鬼。

老師 我覺得童磨是個可憐人。

我 ……（這個人是故意和我唱反調嗎!?）

老師 他雖然說「自己沒有感情」，但我們必須想想看「他的感情為什麼會消失」。童磨自出生起就被奉為萬世極樂教的「神之子」，從這裡就可以想像出他沒能「形成正常的人格」。而且，他還經歷過母親發狂似地把接二連三染指女信徒的色鬼父親亂刀砍死並服毒自殺，這種足以令人發瘋的事情。即使雙親身亡，他好像也只想著「不要把房間弄髒」和「要讓空氣流通」，這個反應是為了防止內心受傷的防禦機制，事實上他的〈潛意識〉應該已經四分五裂了。他有可能是罹患了超乎想像的「創傷後壓力症（PTSD）」。我無法對這樣的他說出「要讓心靈變堅強」這種話。

我 ……用老師的邏輯來說，意思是精神病患犯下殺人罪行也是無可奈何的？

老師 殺人當然是絕對不行的，我不會同情他。只是，童磨並非一生下來就是神經病，他同時也是異常環境和異常「毒親」所造就出的「被害者」。

我 ……我不大同意。

妓夫太郎是棄弱者於不顧社會下的被害者

我 我想過有沒有什麼方法能避免妓夫太郎變成鬼，但是怎麼想都找不到解答。他出生在吉原最惡劣的環境中，連名字都沒有，好幾次都殺點被母親殺死，又被周遭的人輕視，靠著吃蟲或老鼠才好不容易活下去。漂亮的妹妹梅（墮姬）是他的唯一的救贖，但是就連梅都被人燒到變成焦炭，自己也差點被當成垃圾殺掉，我覺得他不憎恨奪走自己一切的「人類」才奇怪。

他在臨死前，依然斬釘截鐵地說：「我從不後悔自己變成鬼……不論轉世投胎多少次，我一定會變成鬼。」（11卷96話）他的身影令我戰慄不已。

老師 不，妓夫太郎應該擁有讓人生好轉的機會。當梅在吉原變得受歡迎，他自己的工作也上軌道的時候，他暫時從谷底翻身了。如果在這個時候，出現一個體貼對待妓夫太郎的「某人」，他應該就不會憎恨所有的人類吧。

我 在艱辛的情況下，如果「某人」不先採取「給予」的行動，就會演變成互相爭奪的關係。要妓夫太郎主動踏出「給予的第一步」，怎麼想都太殘酷了。應該要由周遭的某人打頭陣成為「給予的一方」才對。

然而現實是，所有人都成了「奪取的一方」。於是妓夫太郎也搶奪回去，最後變成了鬼。放寬視野來看，我認為讓妓夫太郎變成鬼的，是只會掠奪弱者、缺乏「利他之心」的整體社會。

鬼舞辻無慘花了上千年，依然沒發現「活著的意義」

我　我覺得無慘是最「丟人現眼」的鬼。這個人花了上千年到處尋找「藍色彼岸花」，給自己屬下的鬼造成一堆麻煩，而且尋找「藍色彼岸花」的原因只是想走在太陽下。

這個人走到太陽下到底是想做什麼？想去海邊玩水嗎？意外地這一點並沒有什麼著墨，除了他以外，也沒看到其他鬼嚷嚷著「想要走到太陽下」啊。明明沒有人想要，卻為了滿足自己莫名其妙的欲望，要屬下跟著自己為非作歹上千年。

老師　無慘說過：「我喜歡的東西是『不變』……在完美的狀態下維持永恆不變。」（12卷98話）、「我是近乎完美的生物。」（2卷14話）他應該是認為可以行走在太陽下的話，就能成為「完美的生物」吧。

我　所以說，成為「完美的生物」要做什麼呢？有什麼好處嗎？我好想這樣問他。有的鬼是為了追求強大，有的鬼是為了向人類復仇，有的鬼看著人類痛苦的樣子就感到快樂，也有的鬼是為了藝術而殺人。

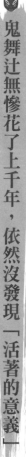

然而無慘卻將「想要克服陽光」、「想成為完美的生物」這種令人想問「所以呢？搞笑嗎？」的事情當作至高無上的命題。

假設他真的克服陽光了，會不會感到「強烈的空虛」呢？克服了陽光，但是沒什麼特別值得高興的事，屬下也不會感到開心，最後他應該會發現根本沒什麼好處而陷入絕望吧。因為這個人花了上千年，依然沒有找到「活著的意義」。

老師 看見為了夥伴和家人而戰的鬼殺隊，無慘說：「我已經懶得面對不正常的人了。」（21卷181話）而炭治郎則回道：「無慘，你是不應該存在的生物。」我深表認同。沒有任何存在比無慘還要悲哀、空虛、活得如此「沒意義」。我認為「永遠」就是這麼一回事。

尾聲

與老師的對話結束後過了半年。

今天我去考了「設施警備業務檢定二級」的術科考試。因為從兼職轉正職必須考取資格。

在術科考試上，一開始操作火警自動警報設備的時候，我喊的「火災警報！」有點破音了，但是我想應該有過及格線。我已經利用「Kumbhaka」調整好內心狀態，這幾個月以來也都一直對著鏡子自我暗示「你！會成為警衛！」。

因此一定會通過的。把心裡的想像當作信念，就能夠如願開拓命運。

考完試後，我久違地拜訪了老師的家。這時候為了因應新型冠狀病毒而發布的外出自肅要求已經放寬，終於可以與人見面了。

我　老師，好久不見。您在疫情時期過得還好嗎？

老師　與人對話變得很不容易之後，我就開始享受與自己對話。

我　從來沒想過，讓世界為之一變的重大事件竟然會發生在自己生活的時代。我覺得在肉眼看不見的新型冠狀病毒面前，人類真的很無力。

老師　由於科學的進步，以前看不到的東西現在逐漸可以看到了。隨著可以看見的東西變多，認識到「未知領域」的廣大，人類必須害怕的東西似乎也增加了。

我　「無知也是一種福氣」，是嗎？

老師　不過，我們已經知道了啊。一旦知道了，我也不得不戴上口罩。但是戴口罩真的好熱喔。

我　如果「氣」變成看得見的東西，是不是所有人類都會努力去掌握「氣」呢（笑）？

老師　應該不會吧。畢竟相信「氣」存在的人很少……（笑）。

我　利用口罩阻擋新冠病毒，並利用「Kumbhaka」阻擋「氣」流失，這樣的時代看來是不會來臨的（笑）。

老師　你的笑容很棒喔。看來你已經有精神不少了。

我　今天我去考了警衛的資格考試，覺得自己表現得不錯。這都是多虧了老師。

老師　原來如此。你的「有趣」指南針指向了警衛啊。「水可以變成任何形狀。倒進升就成為四方形，倒入瓶裡就成為圓形，有時候連岩石都能打穿，還可以流到任何地方。」（3卷24話　鱗瀧左近次）看來你已經開始過自己的人生了。

我　老師，我今天帶了電影票來給您。請您務必去看這部電影。

老師　這不是《鬼滅之刃劇場版　無限列車篇》的預售票嗎！我就心懷感謝地收下了，我很想這麼說……

我　咦！該不會您也買了？

老師　我買了兩張，想說一張要給你。

我　哇～這樣就多出兩張票了。

老師　我時間很多，就去看兩次吧。只要那時候電影院有正常營業。

我　我也會看兩次。對了，老師，劇場版的宣傳標語超棒的——「揮舞此刀，斷絕夢魘」。不覺得簡直就像《鬼滅之刃》要為我們斬斷噩夢般的新冠疫情時代一樣嗎？

真令人期待。

老師 我非常期待煉獄先生吃便當的劇情！吃便當的時候，他會讓我們聽到怎麼樣的「好吃！好吃！好吃！」呢？電影又會如何呈現煉獄先生那遠離塵世的感覺？我非常期待。

我 既然電影的標題叫「無限列車篇」，就表示鬼滅電影之後應該還會有續作吧。我現在就開始期待下一部了。

老師 我也想一直看到完結篇！作為最高齡粉絲，在看到完結篇之前我是絕對不會死的（笑）。我要懷抱這個信念活下去！

如果吾峠老師願意開始第二部連載，我就要再活得更長！請老師務必考慮一下。

我 （笑）……老師，謝謝您。當初有來找老師真是太好了。

老師 我要模仿一下電影《男人真命苦》渥美清先生的詩句，「堀田　你要幸福喔　寅次郎」。

結語

合田周平

我心目中的老師「中村天風（一八七六～一九六八年）」是大正、昭和時期的思想家兼實踐哲學家。被稱為經營之神的松下幸之助、京瓷和第二電電（現名為ＫＤＤＩ）的創辦人稻盛和夫等諸多企業家都深受他的思想感動，並將其融入自己的經營哲學，天風哲學因此聞名。最近聽說活躍於美國大聯盟的大谷翔平選手也深受天風哲學吸引。

我第一次見到老師，是在一九五〇年代中期。

當時還是大學生的我內心相當陰鬱。剛上大學沒多久，我就和朋友一起前往日後被稱為「五一勞動節流血事件」的集會活動，遭到一群警察阻止後，我們因為感到危險而逃跑了。

當時正處於學生運動的全盛時期，這個「逃跑」的意識沉重地壓在我的心上。少年時因為日本戰敗而在台北市經歷的許多辛酸回憶再次湧上心頭，每天都讓我受到無力感的折磨。

就在此時，在一對金融界夫妻的介紹之下，雖然時間很短，但我有幸得到與老師初次見面的機會。後來我開始會造訪老師的家，向老師討教「天風哲學」。此後直到老師過世的約二十年間，除去我在國外留學的那幾年，我受到大量的薰陶，並持續學習「心中的想法會開拓命運」這件事。

我在老師的天風哲學支持下一路走來，如今已經到了被稱為後期高齡者的年紀。但是，我積極享受人生的心態依然不變，遇到覺得「有趣」的事情就會立刻沉浸其中。我與《鬼滅之刃》的相遇也是如此。我平常是不看漫畫的，但是小學二年級的孫子喜一郎推薦我看，於是我試著翻閱《鬼滅之刃》，結果一看就覺得「挺有意思的」。八十八歲的人竟然還能受到少年漫畫吸引，我也對自己的「內心年輕程度」感到驚訝。

命運真是不可思議，就在此時，我遇見了本書的共同作者堀田孝之。當時，堀田從以前任職的出版社離職，私生活方面似乎也有不少煩惱。可能是因為他說自己以前是編輯，所以我本來心想「他是想出書嗎？」，但是他並沒有提出任何具有建設性的事情，總是閒聊完一些陰沉的話題就回去了。我還記得自己突然靈光一閃，對他說：「去讀《鬼滅之刃》，打起精神吧。」

某一天，堀田帶著全套《鬼滅之刃》來到我家，然後說：

「老師！這部漫畫根本就是天風哲學本身啊！」

他眼裡閃爍著光芒（就像煉獄先生一樣），開始闡述《鬼滅之刃》與實踐哲學的關聯性。我難卻堀田的盛情，回過神來，我們早就開始拿著新出版的《鬼滅之刃》進行對談了。

本書就是由我們的對談，依據主題彙整、編輯而成。實際上的對話不只談到書中這些「本質性的話題」，也包含許多類似粉絲交流的「閒聊」（尤其是堀田每次都要宣揚「他對禰豆子的愛」，有點煩人……）。

隨著堀田對天風哲學的認識加深，他的表情也逐漸出現變化。每天持續實踐「Kumbhaka」和「鏡子自我暗示法」，透過話語的力量努力讓自己成長。當他帶著笑容向我報告他登上了炭治郎他們的故鄉雲取山時，我確信，天風哲學又拯救了一個青年的人生。

當哲學成為了那個人的人生支柱，才會成為「實踐哲學」。因為當那個人過去經歷過的事、感覺到的事、身處的環境與邂逅、感受過的藝術、讀過的書等等累積的事物「全部整合起來」，才會成為只適用於那個人的「第一人稱哲學」。

我深切希望各位能以本書為契機，獲得自己的「第一人稱哲學」，並能夠充滿自信地走在人生道路上。過著依靠他人的人生，是無法貫徹自身理想的。

我打從心底感謝讓我在晚年得到出書的機會的「天風哲學」和《鬼滅之刃》。

最後，我要向提議出版本書的笠倉出版社三上充彥先生，以及伊勢出版伊勢新九郎先生的挑戰精神致敬，在此向兩位獻上我誠摯的感謝。

製作　株式会社伊勢出版
設計　若狭陽一
DTP　山本秀一＋山本深雪（G-clef）

向《鬼滅之刃》學習
從絕望中重新振作的27句話

出　　版／楓書坊文化出版社
地　　址／新北市板橋區信義路163巷3號10樓
郵政劃撥／19907596　楓書坊文化出版社
網　　址／www.maplebook.com.tw
電　　話／02-2957-6096
傳　　真／02-2957-6435
作　　者／合田周平、堀田孝之
翻　　譯／王綺
責任編輯／吳婕妤
內文排版／楊亞容
港澳經銷／泛華發行代理有限公司
定　　價／360元
初版日期／2024年8月

國家圖書館出版品預行編目資料

向《鬼滅之刃》學習：從絕望中重新振作的27句話 / 合田周平、堀田孝之作；王綺譯. -- 初版. -- 新北市：楓書坊文化出版社, 2024.08　面；　公分

ISBN 978-986-377-990-2（平裝）

1. 人生哲學　2. 自我實現　3. 漫畫

191.9　113009299